[匈牙利] 彼得·埃迪 著

顾凡及 译

曹长青 校

Shui Ju Bang Shou

—— 芸芸众生的排名与博弈

上海教育出版社
SHANGHAI EDUCATIONAL
PUBLISHING HOUSE

写给我的孩子们，加博尔（Gábor） 和 茹利（Zsuzsi）

中文版序

CHINESE PREFACE

给中国学子如何正确对待排名问题的几点建议

我很高兴为牛津大学出版社出版的《谁居榜首——芸芸众生的排名与博弈》中文版撰写这篇序言。虽然本书主要是为西方读者写的，但我很高兴看到该书的日文版得到了积极反响。你现在手中的这本书是为年轻的中国读者精心编辑的。我要感谢我的朋友顾凡及教授翻译本书，并由我的编辑上海教育出版社的黄伟先生使您能读到本书。

然而，不幸的是，我不太熟悉中国社会。当然，就像其他人一样，我也知道高考在你们的生活中非常重要。有人告诉我，对于非中国人来说，很难想象高考有多重要。高考结果决定了你是否能被中国的顶尖大学录取；哪怕只有一门学科的分数稍低，也会影响到你的录取机会。

我知道你们为想取得成功而面临巨大的压力，你们中的许多人非常担心可能会遭到失败。在这种高压环境下，你们中的许多人，我亲爱的中国学子们，可能会感到理想破灭或筋疲力尽，这并不奇怪。你们中有人会说："从我醒来直到过了半夜，我老是在学习。"

由于我花过一些时间阅读和思考，我们大家都参与其中的排名博弈是怎样定出排序及其社会效应的,出版社要求我给潜在的中国年轻读者一些建议。请注意,我并没有解决生活中种种问题的万应良方,不过我在这里还是简短地列出某些建议和评论:

少就是多

你不能整年每天学习 18 小时。即使你能这样做,也会适得其反。你最好在生活的各个方面取得平衡。仅仅学习是不够的,你还应该在身体健康、心理、心智和情感方面都做好准备。过一种平衡的生活!

成功和失败是相对的

正如英国著名政治家温斯顿·丘吉尔(Winston Churchill)可能会说的那样:"不会老是成功,一次失败也不致就此一蹶不振。只有勇气才是最重要的。"生活是漫长的。你在一生中会参与很多竞争。有时你赢了,而有时你输了。我知道这很难接受,但你应该始终直面结果。

生活不会总是一帆风顺

有时你会感到失望,但你可能会得到意想不到的补偿。你没有被你梦寐以求的大学录取,只是被一所二流大学录取。但从另一方面说,你却可能会在那所学校里找到你一生的挚爱。

社会中不可能只有竞争

进化论告诉我们,只有竞争并不是最好的策略。我们也需要合作。所以,有时对你的朋友兼对手的帮助到头来也可能对你自己有所帮助。

社会总在不断变化

世界正在从一次性社会（throw-away society）[1]过渡到再生社会（repair society）[2]。正如在我们的新书《再生：何时和如何改善出了问题的物体、我们自身和我们的社会》（*Repair: When and How to Improve Broken Objects, Ourselves, and Our Society*，施普林格出版社，2022 年）中所讨论的那样，我们需要善于利用我们的种种资源——通过手机将我们的家人与本地和全球社区联结起来，而在这方面排名将对我们有所帮助。

彼得·埃迪

美国密歇根州卡拉马祖学院亨利·卢斯复杂系统研究教授

匈牙利布达佩斯威格纳物理研究中心研究员

2022 年 12 月 1 日

---

1. 一次性社会是对受消费主义强烈影响的人类社会观念的一种概括性描述，即社会倾向于一次性使用包装起来的物品，而消费品不是为重复使用或终身使用而设计的。该术语反映了对过度消费和过度生产短期使用或一次性商品，而不是可修理后再用的耐用物品的一种批判性观点。但在刚引进这个概念时，它曾被认为有积极意义。这一术语首次出现在 1955 年的《生活杂志》（*Life Magazine*）上。——译注

2. 再生社会是一个不太常用的表达方式。在埃迪的新书《再生：何时和如何改善出了问题的物体、我们自身和我们的社会》中，他用这个术语表示人们应该更有意识地尝试修理后再用，而不是一扔了之。——译注

序言 [1]
PREFACE

在这本精彩绝伦而又涉及面很广的著作中，屡获殊荣的教师和学者彼得·埃迪（Péter Érdi）讨论了排名和评分（稍后我将介绍其间的区别）现象。埃迪是一位计算科学家，但作为一位社会观察家，其技能也同样娴熟。社交媒体和主流媒体所建立的排名和评分无处不在，他揭示了它们的深刻含义。我们过于信任排名的名次，而它们的核心可能只是主观印象。更令人不安的是，我们为了提高这些名次而改变自己的行为，这就让我们自己为排名所操控。

在社会技术的各个领域都有排名和对排名的行为反应。如果要想领会埃迪涉及面之广，只要花一点时间浏览一下本书的索引就行了 [2]。以下是从后

---

1. 这篇序言其实是一篇书评或导读，向读者介绍了本书的主要思想。由于作者谈到了书中的许多内容，所以如果读者还没有读过此书的话，其中牵涉的一些词和概念可能是读者不熟悉的，这样就难于理解，而如果要展开解释，又和本书的内容重复。因此，译者的建议是读两遍，第一遍在读本书正文之前，不求甚解，只是像游览名胜古迹之前先看一下导游图，而在读完本书之后，再读一遍以加深对本书的理解。也由于这个原因，对于读者不容易理解之处，译者也没有加译注，期待读者在往下读时能自行解决。——译注

2. 参考国人的阅读习惯，本书删减了原书的索引，将其中的重要概念以脚注的形式进行解释，以方便读者及时把握相关阅读内容。——编注

至前的一个节录：黄[1]-贝克疼痛程度表（Wong-Baker pain scale）、《美国新闻与世界报道》大学排名榜（*U.S. News & World Report* university rankings）、刀疤（Scar）（是的，电影《狮子王》中的一个角色）、推荐信、客观性假象（the illusion of objectivity）、匈牙利国家足球队、埃尔德什数（Erdős numbers）、埃洛国际象棋评分（Elo chess ratings）和坎贝尔定律（Campbell's law）。仅仅首字母为 A 的一栏就包括简·奥斯汀（Jane Austen）、亚里士多德（Aristotle）和阿罗不可能定理（Arrow's impossibility theorem）。

上面所举的话题还只不过是从书中随意选出的可能使您感兴趣的一些例子。自始至终，彼得丰富而活跃的思想在本书中得到了充分的展示，你一定会深感满意。尽管书中也讲到了一些技术性话题，但彼得的文笔生动、有趣而且清晰。读完本书之后，许多读者可能会打算乘火车前往卡拉马祖或布达佩斯，希望与彼得会面，以了解更多有关偏好依附（preferential attachment）机制，有限理性（bounded rationality），社会神经科学，榜单制作心理学，或网络统计应用的信息。对于那些认识彼得的人们，尤其是他以前的学生，阅读这本书会让你想起他无穷无尽的好奇心。这本书就像彼得本人一样，内容丰富、深刻、发人深省，而且趣味盎然。

最佳的排名结果取决于客观的标准。最高的建筑物、最大的北派克犬（Northern Pike）和最快的摩托车，这些排名都可以按其表面值而加以接受。但是，即使是客观的标准，如果仔细观察一下，其中也可能包含主观的因素。如果建筑物的塔楼和整个建筑物混成一体的话，那么建筑物的官方高度就应当包括其塔楼。但在许多情况下，纽约自由塔（Freedom Tower）上的尖顶就算在它的高度里面，而芝加哥威利斯塔（Willis Tower）上的两根天线

---

1. 由于不清楚 Wong 的祖籍，其相应的汉字可能是黄、王、翁等，本书作了简化处理，统一译作"黄"。——译注

则不算。是否把它们视为一体，取决于观察者怎么看。而这就是问题所在：其中包含了主观性。

主观性使我们可以按照自己的意愿进行排名。在根据托马斯·沃尔夫（Thomas Wolfe）的小说《太空英雄》（*The Right Stuff*）拍摄的电影中，一位记者请宇航员戈登·库珀（Gordon Cooper）［由年轻的丹尼斯·奎德（Dennis Quaid）扮演］说出他见过的最佳飞行员。库珀先是谈起一面早已不存在的墙上的照片，以及"飞钢"（hurtling steel）[1]。接下来本应该说出查克·耶格尔（Chuck Yeager）[2]的名字。但是，当库珀意识到这位记者想要的只是一个故事，而对事情的真相不感兴趣时，他咧嘴一笑说："谁是我见过的最好的飞行员？好吧，呃，你现在正盯着他看呢。"

《航天杂志》（*Air & Space Magazine*）则有不同的看法。他们没有将戈登·库珀排进前十名，然而耶格尔确实名列其中。埃迪由此指出，就像我们在万维网上发现的无处不在的排名（十大海滩、八大比利时啤酒、七大犬种）一样，库珀的排名和该杂志的排名都是主观的。某一个人或某一群人定下一个次序，再用事后制订的标准为此进行辩护。但是，这种排名却被赋予了一定程度的权威性。啊，这就是数字的力量！

但是，正如埃迪所表明的那样，在大多数重要场合，不可能进行客观排名。请允许我简要介绍一下形式主义（formalism）。从形式上说，排名是一种完备的（complete）、不对称的和可传递的关系。"完备的"表示它能对任意两项进行比较。"不对称的"表示对每一项，它要么排在另一项之上，要么排在另一项之下：你要么喜欢胡萝卜胜过甜菜，要么喜欢甜菜胜过胡萝卜。"可传

---

1. "飞钢"表示某架高速飞机的名称。——译注
2. 查尔斯·埃尔伍德·耶格尔（Charles Elwood Yeager, 1923— ）是美国空军前军官，王牌飞行员和试飞员。1947 年，他首先驾机突破音障，成为第一个超音速飞行员。Chuck 是他的绰号。——译注

递的"是指，如果 A 优于 B，B 优于 C，那么 A 也必须优于 C。

尽管传递性看起来合乎逻辑，但在汇总多个排名时也可能不成立。对于一个孔多塞三元组（Condorcet triple），三个人按"多数原则"进行投票（majority-rule vote），虽然每个人的偏好都有传递性，而投票结果却是 A 比 B 好，B 比 C 好，C 却比 A 好。一个多数原则的投票制，变成了类似"石头、剪刀、布"的游戏。换句话说，即使每个人都有一个前后一致的排名，这绝不意味着存在某种集体排名。[1]

如果我们想要排名的项目具有多个维度，也会出现类似的问题。通过评估食物质量、就餐氛围和员工专业水平，各个杂志可以对餐厅进行排名。他们在各个维度上为每个餐厅打分，并对它们求和以得出总分。在 30 分的总分中，一家餐厅可能得分 28，而另一家餐厅得分 27。正如埃迪指出的那样，这些分数是主观的。在五家餐厅中，一个人的第一名可能是另一个人的第二名。看起来很科学的东西，在很大程度上是人为构造出来的。

公平地说，评分结果经常既有客观的成分，又有主观的成分。《美国新闻与世界报道》的大学排名榜就是如此，该排名考虑了学校提供的学生人数少于 19 名的课程数量和整体上的师生比率（这两个都是客观指标），也考虑了校长排名（主观指标）。为了得出总分（它可以被简化为排名），《美国新闻与世界报道》对其中每个指标都加上权重。他们是如何得出权重的呢？同样的，这些权重只是基于常识编造出来的。所以，再一次地，看起来科学的东西实际上却是主观的。这种方法的直接后果是，大学可以通过将某些课程的注册人数限制为不超过 19 名来提高其排名。因为只要这样做，就可以提高学校的排名。要知道，没有任何经验证据表明，多了这第 20 名学

---

1. 如果读者对这段话有些不解的话，在读到正文中有关孔多塞悖论处就可以明白作者的意思了。——译注

生就会明显影响教学效果。《美国新闻与世界报道》只是凭经验选了个数字19。要明白这一排名标准的有害影响，请访问几乎任何一所大学的网页，你会看到他们所宣传的学生人数不多于19的课程数量。这些大学在有意地限制学生选修课程（对不起，你已经是第20名选此课程的学生了），以免影响他们的排名。

令人哭笑不得的是，其结果是即使是出于良好的愿望试图表现出我们最好的一面，却可能在我们为了提高排名而不惜扭曲自己时，暴露出我们中某些人的最丑陋的一面。因此，我们对这些主要是主观的排名的重视程度越高，我们在行为上的扭曲也就越多。埃迪教授用这本书帮助了我们。他告诉我们要思考得更深入一点，并且通过吸引人的例子和高超的技巧做到了这一点。

斯科特·E.佩奇（Scott E. Page）
利奥尼德·赫维茨学院复杂系统教授
密歇根大学安娜堡分校政治学与经济学教授
圣达菲研究所[1]兼职研究员

---

1. 圣达菲研究所（SFI, Santa Fe Institute）是一家位于美国新墨西哥州圣达菲市的非营利性研究机构，该所的主要研究方向是复杂系统科学。——译注

前言
FOREWORD

当然，本书讲的是有关排名的事。不管你喜欢与否，我们的生活总是离不开种种排名。在过去两年中，和我交谈过的每个人似乎都同意这是一个热门话题。我们对排名的看法自相矛盾：觉得排名好，是因为它给了我们有益的信息，并且评价客观；觉得排名不好，是因为它带有偏见，并且带有主观性，有时甚至受人操纵。本书旨在帮助读者理解排名过程中这种自相矛盾的本性，并给出应对这种悖论的策略。排名始于比较。我们喜欢将自己与他人进行比较，看看到底谁更强、更富有、更优秀或更聪明。我们热衷于比较，这导致我们对排名充满热情。现在排名正变得越来越有系统性了，我们也喜欢更有系统性的想法！

并非只有人类才排名，它实际上是进化过程的结果。大约在一百年前，人们通过观察就已认识到鸡群在啄食时有先后顺序，并且通过研究证明，饲养在一起的鸡群组织起了某种等级社会。人类社会中的社会排名是从动物世界演变而来的。本书从客观性的三个不同角度（真实，假象和操纵）出发，通过现实生活中的种种例子，探讨人们"为什么"和"怎么样"对排名和自己要被排名这些事既爱又怕的原因。

本书通过提出和回答以下这些问题将科学理论应用于日常经验：大学排名榜是客观的吗？我们如何根据国家的脆弱性（fragility）、腐败程度或幸福程度对国家进行排名和评价？我们如何找到最相关的网页？我们如何对员工进行排名？由于我们总是在对自己和他人进行排名，并且也总是被他人排名，因此排名结果就有了双重性：一方面是如何使排名尽可能客观，另一方面是如何接受这一事实——排名并不一定就能反映我们的真实价值和成就。

在本书中，虽然所举的例子取材于社会心理学、政治学和计算机科学，但它所面向的读者并不仅限于科研人员。本书也是写给下列读者的：邻居有一辆价位更高的汽车的普通人群；一位被其主管反复排名的员工；一位参与排名但可能对其过程有疑虑的经理；一位希望其公司有更高知名度的企业家；一位希望自己高居成功榜榜首的科学家、作家、艺术家和其他竞争者；刚准备进入社会竞争新阶段的大学生，他们相信唯一应该做的就是不惜一切代价尽可能提高他们的平均绩点（grade-point average）；设计算法的计算机科学家，这些算法将根据个人的习惯向其推荐产品；还有由本书得到意外启发的人（也就是我们所有人）。

已经出版了许多优秀的书籍，它们讨论了有关排名问题的各个特定方面，从数学算法到对学术机构、国家、政治候选人或网站进行排名。数学家阿米·N.朗维尔（Amy N. Langville）和卡尔·D.迈尔（Carl D. Meyer）的著作《谁得第一：评分和排名的科学》（*Who's #1?: The Science of Rating and Ranking*，普林斯顿大学出版社，2012年），基于他们对网络进行的分析研究，给出了用于对运动队、政治候选人、产品、网页等进行评分、排名的数学算法和方法的相当全面的综述，这本书可以从数学类书籍中找到。我用该书的精神来解释怎样努力使排名客观化，同时说明客观化的困难所在。

在我的书单上，下面两本书涉及了学院和大学的排名。《苦恼的根源：学术排名、声誉和责任》（*Engines of Anxiety: Academic Rankings, Reputation, and Accountability*，拉塞尔·塞奇基金会，2016年）是两位社会学家温迪·纳尔逊·埃斯佩兰（Wendy Nelson Espeland）和米夏埃尔·绍德（Michael Sauder）的著作。该书对高等教育机构，特别是法学院的质量进行评估、排名的历史和现状作了分析。大学排名不仅反映了过去，而且还将塑造未来，因为主要的利益相关者（学生、家长、招生办公室、行政人员）会对排名榜作出反应。该书说明了我们对排名的矛盾态度的本质：绩效量化既是必要的，又是苦恼的根源。全球高等教育领域的领军专家埃伦·黑兹尔康（Ellen Hazelkorn）撰写了《排名与高等教育的重塑：为世界一流而战》（*Rankings and the Reshaping of Higher Education: The Battle for World-Class Excellence*，帕尔格雷夫·麦克米伦出版公司，2016 年，第二版），该书从全球角度对教育排名进行了全面研究。

《对世界的排名：将国家评分作为全球治理的工具》（*Ranking the World: Grading States as a Tool of Global Governance*，剑桥大学出版社，2015 年）一书由亚历山大·库利（Alexander Cooley）和杰克·斯奈德（Jack Snyder）主编，该书描述了在国家排名问题上的争议性情绪。对国家表现的国际排名以大约一百种不同的指数为特征，从"人类自由指数"（Human Freedom Index）到"腐败感知指数"（Corruption Perceptions Index）再到"世界幸福指数"（World Happiness）。一个经常碰到的问题是，主持排名的组织并非完全独立。但是，某些被排名的国家即使可能会对其中的表现性分析作出愤怒的反应，他们仍然对排名结果感兴趣。除了其他一些问题之外，该书也帮助我得出了以下结论：即使是世界上最幸福的那些国家中，税收也是很重的。

米歇尔·巴林斯基（Michel Balinski）和里达·拉腊基（Rida Laraki）的作品《多数评判：测量、排名和选举》（*Majority Judgment: Measuring, Ranking, and Electing*，麻省理工学院出版社，2011 年）是一本关于政治候选人排名的书，可以发现"这本书的目的是想说明，为什么多数评判优于任何已知的竞争评判方法，也优于任何已知的投票方法"。

甘迪·加布里埃尔（Gundi Gabrielle）的《SEO——在毫无线索的情况

下力争谷歌排名第一的时髦方式！：菜鸟搜索引擎优化指南》(*SEO—The Sassy Way to Ranking #1 in Google—When You Have NO CLUE! : A Beginner's Guide to Search Engine Optimization*，亚马逊数字服务，2017年)解释了将你的网站、博客等排到最前面的花招，它们能够规避谷歌或其他因特网大佬的处罚。

最近有两本书与我的目标有些重叠，我们的读者群也可能会有重叠。格洛丽亚·奥瑞吉 (Gloria Origgi) 的《声誉：它是什么以及为何很重要》(*Reputation: What It Is and Why It Matters*，普林斯顿大学出版社，2017年) 从"实验哲学家"的角度回顾了一些排名系统对声誉形成的贡献。杰里·马勒 (Jerry Muller) 的《指标的暴政》(*The Tyranny of Metrics*，普林斯顿大学出版社，2018年) 源自他的观察结论，即对业绩的评测与量化在我们的社会组织中起着过多的作用。这位历史学家指出了兼顾主观评估和客观测量的困难，他的态度可能与我所希望表达的有所不同。

在开始撰写本书时，我面临的挑战是写出一本关于排名和评分的普及性的、可读性强的、自成一体的著作，以帮助读者了解我们每天都在玩的排名游戏的规则。撰写的主要动力来自我的前助手和挚友胡迪特·森特 (Judit Szente)。由于我多次告诉过她，我觉得自己是一个能够为广大读者写作的作家，她和她的丈夫鲍尔特·范德霍尔斯特 (Bart van der Holst) 给了我一份生日礼物——学习写作：他们让我参加了纽约市的傻子村[1]作家讲习班 (Gotham Writers' Workshop)。我参加了罗斯安·韦尔斯 (Roseanne Wells)、弗朗西斯·弗莱厄蒂 (Francis Flaherty)、卡伦·托马斯 (Cullen Thomas)、凯利·考德威尔 (Kelly Caldwell) 和 J.L. 斯特默 (J.L. Stermer) 教授的精彩课程。

我得感谢卡拉马祖学院这个团队，尤其是我的亲密同事，他们为我提

---

1. 纽约市的绰号。——译注

供了友好的学术氛围。我还要感谢位于布达佩斯的匈牙利科学院威格纳物理研究中心计算科学系（the Department of Computational Sciences at Wigner Research Centre for Physics of the Hungarian Academy of Sciences in Budapest）的同事。感谢亨利·卢斯基金会（Henry R. Luce Foundation）让我担任亨利·卢斯讲席教授。

双修了政治科学和数学的娜塔莉·汤姆逊（Natalie Thompson）一直是我的助手。她不仅对我原来的"匈牙利式英语"版本重加编辑，而且还从鸟瞰的角度对每一章的草稿提出意见，并帮助设计了本书的架构。她的帮助远远超出了我的期望。谢谢你，娜塔莉！

与在布达佩斯的老哥们的互动，使我受益匪浅。我特别感谢彼得·布鲁克（Peter Bruck），乔治·坎皮什（George Kampis），安德拉什·舒伯特（András Schubert）和雅诺什·托特（János Tóth）的评论。在2018年冬季学期，我开了一门关于排名复杂性的课程，并与许多学生进行了互动。我特别感谢阿莱格拉·奥尔盖耶（Allegra Allgeier），布赖恩·达鲁奇（Brian Dalluge），哲洪·金（Gyeongho Kim），提摩西·D. 拉特利奇（Timothy D. Rutledge），许基勒·内尔高（Skyler Norgaard）和加布里埃尔·希姆科（Gabrielle Shimko）的评论。

我感谢以下同事的评论、交谈、通信和／或精神支持：布莱恩·卡斯特拉尼（Brian Castellani），约翰·卡斯蒂（John Casti），亚历山大·库利（Alexander Cooley），彼得·多尔蒂（Peter Dougherty），乔尔吉·法布里（György Fabri），拉比·莫迪凯·哈勒（Rabbi Mordechai Haller），伊斯特万·哈吉泰（István Hargittai），黄德双，布莱恩·D. 琼斯（Bryan D. Jones），马克·基尔（Mark Kear），安德鲁·莫齐纳（Andrew Mozina），斯科特·佩奇（Scott Page），彼得·普雷斯科特（Peter Prescott），弗兰克·里特（Frank Ritter），埃里克·斯塔布（Eric Staab），安德拉斯·泰尔奇（András Telcs），简·托博奇尼克（Jan Tobochnik），奥索连科·维亚切斯拉夫（Osaulenko

Viacheslav）和拉乌尔·瓦德瓦（Raoul Wadhwa）。我刚刚数了一下，他们来自六个不同的国家。我在布达佩斯、利物浦和剑桥做了多场演讲，听众的提问和评论也使我受益匪浅。感谢雅诺什·特热尔（János Tőzsér）、茹拉·斯韦泰尔茨基（Zsuzsa Szvetelszky）、卡罗利·陶卡奇（Károly Takács）、黄德双、阿比尔·侯赛因（Abir Hussain）和迪亚·阿尔 - 朱迈利（Dhiya Al-Jumeily）的邀请。

我特别受益于彼得·安德拉斯（Peter Andras）、巴沙布达他·圣 - 巴塔查里亚（Basabdatta Sen-Bhattacharya）、捷尔吉·鲍饶（György Bazsa）、佐尔坦·雅各布（Zoltán Jakab）、克里斯蒂安·莱别尔（Christian Lebiere）、安德拉斯·勒林茨（András Lőrincz）、费伦茨·塔特劳伊（Ferenc Tátrai）、埃马努埃莱·托尼奥利（Emanuelle Tognoli）、津田一郎（Ichiro Tsuda）和陶马什·维切克（Tamás Vicsek）等人关于网站排名的评论。我也感谢牛津大学出版社的编辑琼·博塞特（Joan Bossert）的指导和鼓励。

对生活中的种种选项进行评估和排名，我与妻子丘蒂（Csuti）有长期的共同体验。她的支持、爱和智慧使我受益良多。我对她的感激难于言表。

彼得·埃迪
2018 年 12 月

目 录

CONTENTS

开场白: **初遇排名**

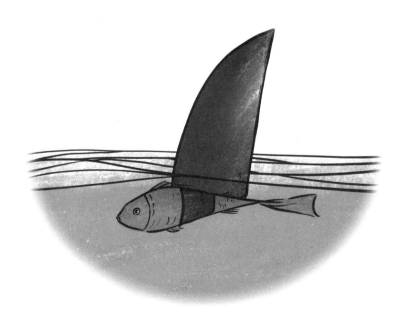

如何在人气列表上位列第一？拥有一个足球！

假如身边没有足球，自然也就踢不成足球了。幸运的是我们有一个，所以我们就有机会去踢球了！"二战"后不久，我在布达佩斯长大（嗯，我生活在平坦的佩斯，而不像我的妻子那样生活在高低不平的布达，但是我向她保证过，我不再对这个城市两个地区的文化差异开玩笑了）。我在小学里的同学（实际上都是男同学，当时还没有男女生同校），有的来自天使地〔Angyalföld，即工人阶级的"天使之地"（Land of Angels）〕，有的来自新利奥波德镇（Újlipótváros，"New Leopold Town"，那里居住着犹太裔的中产阶级知识分子）。虽然家长的社会背景存在明显的差别（我在这里就不去讲新利奥波德镇孩子的父母不堪回首的悲伤家庭故事了），但对足球的共同热爱弥合了我们之间的距离。20世纪50年代初，匈牙利拥有世界上最好的足球队，由费伦茨·普什卡什（Ferenc Puskás，1927—2006）带领，他出色的左脚使他成为有史以来最伟大的球员之一。这本书是关于排名的，我认同许多人关于他是20世纪两个最著名的匈牙利人之一的看法〔贝拉·巴托克（Béla

Bartók，1881—1945）[1] 无疑是另一个]。匈牙利队在 1950 年到 1954 年的 33 场比赛中保持不败纪录，直到 1954 年世界杯对阵西德的历史性失利（新德国在"二战"后的首场胜利）而告终。在"比较，排名，评分和列表"一章中，当我探讨被排在"第二名"的伤感时，我将回头来再谈谈这个故事。但这里的关键是，足球仍然非常受欢迎，而且我们几乎每个人在八年中的几乎每一天都踢足球。

但是，我们班有 40 个男孩，有一次老师要求我们每个人回答以下问题："谁是你最好的朋友？"我们的回答是匿名的。结果 37 票投给了彼得·埃德利（Péter Erdélyi）。他极富幽默感，但这并非他大胜的原因。他的父亲是一家国营公司的经理，该公司名为"文化用品商店"，经营昂贵的足球。我们生活在一个贫穷的国度里，所以我们在商店里可以看到的几乎所有东西都很昂贵。因此，彼得是班上唯一拥有真正足球的男孩。我们真的很感激能够有机会踢真正的足球，所以我们认为彼得是最好的朋友。毫无疑问，他在全年都高居人气榜榜首（我在网络理论入门班上多次讲过这个故事，以演示类似星形的组织，如图 1.1 所示）。通过这个例子，我打算说明，我们对人气榜榜首的选择客观地反映了群体智慧（the wisdom of the crowd），这既不是假象也不是操纵。当我在反思这个故事时，我注意到彼得来自一个条件优渥的家庭。在 20 世纪 50 年代的布达佩斯，一个男孩极其幸运的标志就是他拥有一个足球。这种优越的处境与他良好的个性特征相结合，将他推到了人气榜榜首。

---

1. 贝拉·巴托克（Béla Bartók，1881—1945）是匈牙利作曲家、钢琴家和民族音乐家。他和弗朗茨·李斯特（Franz Liszt）被认为是匈牙利最伟大的作曲家。通过对民间音乐的收集和分析研究，他是比较音乐学的奠基人之一。——译注

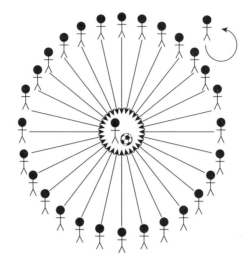

拥有真正足球的孩子是所有孩子的最好朋友。当然，有一个男孩除外（我知道他的名字，但不想讲，尽管我要说他已经在多伦多生活多年了）。谢谢陶马什·基什（Tamás Kiss）画了这张图。

图 1.1　星形组织

对足球运动员的评分和排名：客观性假象

那时我还只有 10 岁，也许 11 岁，但是仍然清晰记得，我曾经读过的一篇期刊文章的标题很荒谬："让客观数字说话！"我会告诉你为什么它是荒谬的。

在每季足球赛结束时，体育报纸都会评估 11 个位置上（从守门员到左边锋）每个球员的表现。除了语言评述之外，文章还包含 11 个排名列表，每个位置一个，根据赛季得分对每个球队的球员进行排名（图 1.2）。这些分数是如何来的呢？足球与棒球不同，足球运动没有对球员打分的客观标准。（嗯，最近几年情况多少有所改变，现在已经采用了一套表现指标。）报纸为每场球赛都指派了一名实习记者，他（在我描述的那个时代肯定是"他"）在赛后给每个球员打分。任何上场的球员至少得到 1 分。每个赛季中只有极少数球员因其非常出色的表现而获得 10 分。大部分分数介于 5 到 8 之间，这或多或少意味着介于"略低于平均水平"和"优秀"（但不是最出色）之间。每次比赛后，当我和父亲一起步行到电车站，从体育场所在的郊区新佩斯（Újpest）乘车到新利奥波德镇的公寓时，我们也为欣赏的球队中的每个球员打分。每次比赛后，我都焦急地等待晨报，对比记者和自己的打分。在赛季末了，当我读到"客观数字"时，我很清楚它们反映的是主观评分的客观平均值。这一观察结果表明，最初是基于主观评分的排名，实际上产生的却是客观性的假象。虽然这些分数并不是随机的，它们反映了新闻记者的最佳估计，但毫无疑问，它们是主观的。

Jobbhátvédek（右后位）	
1. Káposzta (U. Dózsa) 7.13	9. Lévai (Tatabánya) 6.59
2. Bakos (Vasas) 7.06	10. Kelemen (Komló) 6.59
3. Hernádi (Pécs) 6.99	11. Marosi (Bp. Honvéd) 6.52
4. Várhelyi III (Szeged) 6.88	12. Kmetty (Salgótarján) 6.42
5. Kárpáti (Eger) 6.77	13. Formaggini (Dunaújv.) 6.41
6. Keglovich (Gyor) 6.76	14. Kovács (Diósgyor) 6.41
7. Vellai (Csepel) 6.71	15. Keszei (MTK) 6.30
8. Novák (Ferencváros) 6.68	16. Szabó B. (Szombathely) 5.51

1967 年匈牙利足球联赛右后卫的排名，这些赛季评分先由记者们进行评价（主观），再计算平均数而得出（客观）。

图 1.2　球员排名

一个不那么美丽的故事：匈牙利民间故事中故意作出带有偏见的排名的例子

著名的诗人和"民谣莎士比亚"亚诺什·阿兰尼（János Arany，1817—1882）的儿子拉索洛·阿兰尼（Laszló Arany，1844—1898）收集了许多匈牙利的民间故事。其中一个故事告诉孩子们，群中最强的参与者如何通过操纵掌握本应该由集体决定的事情。故事如下：

> 许多动物离家出走，却一起掉进了陷阱。他们无法逃脱，而且变得非常饥饿。周围没有任何食物，所以狼提出了一个解决方案："嗯，亲爱的朋友们！现在应该怎么办呢？我们必须早点吃东西，否则我们就将饿死。我有个主意！让我们一一读出所有动物的名字，谁的名字最难听，就吃了谁！"大家都同意（我从来都不明白为什么大家会同意）。狼指派自己担任法官，并一个接一个地读出姓名："狼，棒。哦！很棒！狐狸，布狸。也很棒。鹿，布。也很棒。兔子，布子。也不错。公鸡，捧鸡。也很棒。母鸡，不鸡。这个名字不好听。"于是就把母鸡给吃了。下一轮，公鸡—捧鸡也成了食物，如此等等。[非常感谢尤迪特·泽尔科维茨（Judit Zerkowitz）把故事中的角色由匈牙利语翻译成了英语。]

这一例子通过一个小故事说明，如果由单个选民控制了选举，其客观性将如何被操控。它还向我们提出了一种专制统治的形式，即一个人拥有完全的、不受约束的权力时的统治机制。

学习小结：客观性的真实、假象和操纵

在体育领域，最古老、最客观的排名方式之一是根据赛跑运动员的速度来判断，这项活动源于古希腊的奥运会。例如，我们知道，来自埃利斯（Elis）的地位低下的厨师科罗伊薄斯（Koroibos），在第一届古代奥林匹克运动会上赢得了场地跑第一，这意味着他是比赛中跑得最快的运动员。但是，其他排名方式，例如许多"十强榜"（又如21强、33强等），都是基于主观分类的，却给人以客观性的假象。实际上，我们不一定总是喜欢客观性，因为我们不介意我们的业绩、网站、企业或组织的形象在得分或排名上是否比实际情况更好。更准确地说，有时我们是带有偏差的自我感觉的受害者，而其他时候，我们故意欺骗自己，并希望被认为拥有超出实情的地位。（我敢肯定，很多读者都看到过一张图片，小猫咪照镜子，却把自己看成为一头狮子。[1]）在后一种情况下，我们并不介意通过含蓄的声誉管理（reputation management）的过程来操纵客观性。

关于我们力争好名声这一点将在"为声誉而战"一章中讨论。我们接下来先概述一下本书中要讨论的许多概念。

---

1. 如果你对这样的画面还不熟悉，可以借助搜索引擎查找"猫狮镜"（cat lion mirror），一定不会让你失望。

比较，排名，评分和列表

比较:"欢乐之窃贼"还是未来成功的动力?

我们不断地将自己与他人进行比较。在许多文化中,孩子们知道他们必须赢得竞争,以证明他们比其他孩子更优秀、更强大、更成功。例如,高中同学聚会成了绝佳的机会,使我们能把自己在生活中各个方面的境遇(诸如个人魅力、事业发展、婚姻状况)与以前的同学进行比较。在日常生活中,我们对自己的态度、能力和信念的评估是基于与他人的比较。这一观察结果构成了著名的社会心理学理论(称为"社会比较理论",social comparison theory)的基础,该理论最早由莱昂·费斯汀格(Leon Festinger)[1]于1954年提出。我们可能不希望看到自己比以前的队友更显发福,但好在通常(嗯,我写的是"通常",因此并非总是如此)我们拥有社交技能来控制我们的嫉妒感。虽然美国前总统西奥多·罗斯福(Theodore Roosevelt)的名言"比较是欢乐之窃贼"(comparison is the thief of joy)[2]已成为老生常谈,但

---

1. 莱昂·费斯汀格(Leon Festinger,1919—1989)是一位美国社会心理学家,他是继斯金纳、皮亚杰、弗洛伊德、班杜拉等之后第5位被引用最多的20世纪心理学家。——译注
2. 这句话的意思就是"比较令人不快"。——译注

我们还是忍不住将自己与他人进行比较。

向上比较和向下比较

术语向上（向下）比较是指一个人将自己与比自己更好（更差）的其他人进行比较的情况。从我自己的生活经历中举个例子，年轻时我有两个密友，在这里称他们为约翰和乔。在 20 世纪 70 年代和 80 年代初，并非每个布达佩斯人都能够拥有一辆汽车。如果他们真有汽车的话，那也很可能是辆"东欧"汽车，其中最常见的是东德产的特拉宾特（Trabant）牌汽车。它装备的是所谓的两冲程发动机，这种发动机即使在当时也早已经过时了。过去人们常说，造这种发动机需要两个人，一个做切割，一个进行胶合，因为它是用塑料制成的，而且关于它的质量也有许多笑话。我印象最深的一个笑话大概是这样说的：

> 一头驴和一辆特拉宾特车在图林根森林相遇。
>
> 驴问候道："嗨，汽车！"
>
> 特拉宾特回应说："嗨，驴！"
>
> 驴很生气地说："如果我称你为'汽车'，你称我为'驴'就太不礼貌了。你至少应该称我一声'马'！"

在 30 多岁时，我购买了一辆有 6 年车龄的特拉宾特车，这是我的第一辆车。这种车并非是身份的象征，但至少有四个轮子。约翰没有汽车（作为数学家，他的工资买不起车，而且他戴高屈光度数的眼镜，因此无法获得驾驶证）。常识表明，任何向下比较的结果总是令人感到高兴的。当我将自己与无车的约翰进行比较时，我当然会感到高兴。尽管我认为自己没有书本上所讲的向下比较的负面影响（轻蔑），但我可能确实有某种程度的优越感。乔在一家法国公司工作，他很快就有了一辆雷诺（Renault）牌的名牌汽车。我是否由此受到了书本上讲的向上比较的积极影响,即产生希望或抱负呢? 也许,我对于(在遥远的将来)像乔那样能够买得起名牌汽车的抱负增强了。关于负面影响,我不能否认我有点嫉妒。但是约翰是否就会更不开心或是非常沮丧了呢? 绝非如此! 相关性是进行社会比较的必要条件,他对拥有汽车绝对不感兴趣,因此他不在乎!

社会心理学家一直在分析我们进行比较的动机,亚当·加林克西(Adam Galinsky,哥伦比亚大学的社会心理学家)和莫里斯·史威哲(Maurice Schweitzer,宾夕法尼亚大学下属沃顿商学院)在他们的《朋友与敌人:何时合作,何时竞争以及如何在两者中都取得成功》(*Friend and Foe: When to Cooperate, When to Compete, and How to Succeed at Both*)[1]一书中写道:"当你想用社会比较来增强自己的动力时,要牢记下列关键规则——如果想要高兴些,就去作向下比较;如果你想更努力地鞭策自己,就去作向上比较。你可能无法戒除社会比较的习惯,但可以学会使其为你所用。"

与你自己的目标进行比较

当我在博客上发布一些论述比较的初步想法时,英格兰基尔大学(University of Keele)一位思路开阔的计算机科学教授彼得·安德拉斯(Peter Andras)发表了以下评论:

> 我认为,这与一个人的决策风格受外部驱动或内部驱动的程度有关,或者与决策的自主程度有关。在教育理论和教育心理学中,有很多工作涉及上述区别的重要性,以及自主性在个体及其个

---

1. 参阅 Adam Galinsky and Maurice Schweitzer. Friend & Foe: When to Cooperate, When to Compete, and How to Succeed at Both. New York: Penguin Random House, 2015.

性发展中所起的作用。自主性更强的人，会将他们自身、他们的成就与财产对照他们的个人目标进行比较。但是，一般来说，各个群体中更多的是由外部驱动的人，正如在许多情况下所知，对大多数人而言，与邻居和他人做比较在其决策中起着主导作用。

安德拉斯的上述观点在另一饱受争议的《为奖所罚》（*Punished by Rewards*）[1]图书中得到了详细的阐述，阿尔菲·科恩（Alfie Kohn）在该书中反对我们经常用来激励他人的基本策略："做到这个，你就会得到那个。"奖励和惩罚是操纵行为的两个方面。像科恩这样的作者认为，奖赏是特别有害的，特别是当学生、运动员或雇员自身就有对成功的内在动力的时候。较新的数据和理论，例如克里斯蒂娜·欣顿（Christina Hinton）[哈佛大学教育研究生院（Harvard Graduate School of Education）成员，国际研究学院（Research Schools International）的创始人和执行院长]的数据和理论支持以下观点：用金钱等外部奖励来激励学生，不足以维持他们对学习的兴趣。无论如何，当学生具有学习的内在动力时，他们就更可能对学习产生浓厚的兴趣，在面对学习挑战时表现出更大的毅力，也更愿意去探索和发现新的论题。

尽管存在这些分歧，我们依然不得不承认，直接比较是从情感上处理我们的成功和失败的一种非常重要的评估机制。其中，一种常用的手段是成对比较，这样做是根据一些定量属性（比如说谁更高大，谁更强壮）或定性属性（例如偏好或态度）来评判两个人、一对物体或任何其他对象。拳击无疑是直接成对比较的范例。

---

1. 参阅 Alfie Kohn. Punished by Rewards：The Trouble with Gold Stars，Incentive Plans，A's，Praise，and Other Bribes. Boston：Houghton Mifflin，1999.

从阿里的"我最伟大"到"草地总是邻家的绿"[1]

优越感与自卑感复合体

直接比较会导致各种情感结果，从穆罕默德·阿里（Muhammad Ali）[2]的名言"我最伟大"到令人沮丧的"草地总是邻家的绿"。实际上，阿里甚至更加大胆地宣称过："我不是最伟大的。我是双料最伟大的。我不仅会把他们淘汰出局，而且还能决定在哪个回合淘汰他们。我是当今拳击场上最勇敢、最漂亮、最出色、最科学、最熟练的斗士。"从原则上来说，我们可能会认为自我评定很可疑，并会导致排名出现偏差，但阿里的声称得到了当时"集体智慧"的认可：几乎每个看到过他在拳击场上表现的人，都认为阿里确实是最棒的。阿里的自我评价也扩展到了其他地方。据报道，当美国军方测量得到阿里的智商结果为78时，他说："我只是说我是最伟大的，没说我是最聪明的。"使我感到惊讶的是，他在描述自己的工作时多么地超然："这只是一份工作罢了。草会长，鸟会飞，海浪会拍打沙子。而我，则会把人击倒在地。"

与阿里在这一案例中所产生的优越感相反，另一类比较可能会导致自卑感。在谚语"草地总是邻家的绿"背后的想法可能起源于奥维德（Ovid，公元前43年至公元17年或18年）的诗歌，他在《爱的艺术》（*Art of Love*）中写道："他人田里的庄稼总比自己的好。"还有其他谚语也表达了类似的态度："墙另一边的苹果最甜"，"邻居的母鸡赛过鹅"和"你的破锅看上去比我的整锅还好"。

---

1. "草地总是邻家的绿"也有一句完全对应的中国谚语："这山望着那山高"。——译注

2. 穆罕默德·阿里（Muhammad Ali, 1942—2016），美国男子拳击手。1999年，他被《体育画报》杂志评为世纪最佳运动员。——译注

这一谚语的德语版是 "Kirschen in Nachbars Garten schmecken immer besser"，大致上可翻译为 "邻居花园里的樱桃总是更美味"。它们都传递出这样的信息：别人比我们生活得更好或更幸运。老是觉得别人的境况更好，可能导致痛苦的生活，因为嫉妒会导致焦虑和其他心理健康问题。畅销书《在幼儿园里我已经学到了真正需要知道的一切》（*All I Really Need to Know I Learned in Kindergarten*）[1] 的作者罗伯特·富勒格（Robert Fulghum）提出的建议不仅更客观，而且还提供了可行的策略："事实上，篱笆另一面的草地并非总是更绿。不，一点都不是这样。篱笆不起任何作用。浇过水的草地才最绿。无论身在篱笆的哪一边，都要带上水，并照顾好草地。" 在接受现实与为了未来的成功而努力改变之间，我们需要找到某个平衡点。

正如我们从历史和文学中知道的那样，我们总是不断地在进行比较，下面的例子就说明了这一点。

移民群体之间的比较

过去 150 年来，美国的移民史可以说就是不断进行向上比较和向下比较的历史。新移民群体经常要跟非裔美国人和其他少数种族群体竞争低薪工作。也许最明显的例子是 19 世纪中叶爱尔兰人的到来。为了确立其低薪工作的权利，他们经常对非裔美国人发表种族主义言论，通过贬低另一个群体来进行向下比较。后来，当意大利移民开始到达时，尽管爱尔兰和意大利移民在很大程度上都是天主教徒，爱尔兰人却在教堂里将后者冷落一旁，以保持他们在社会啄食秩序中已经相对提升的地位。（啄食顺序概念的起源将在 "动物和人类社会中的社会排名" 一章中讨论。）在整个历史中，每一个新

---

1. 参阅 Robert Fulghum. All I Really Need to Know I Learned in Kindergarten. New York：Penguin Random House，1986.

移民群体都被纳入到整个社会阶层体系，其依据是这一群体在他人眼中的固定化印象及其经济影响力。这种固定化的模式旨在确立可比较特征（例如智力、清醒程度、品位、工作习惯）的层次，以进行向上和向下比较，并试图证明社会分层的合理性。

美国文学中的比较

我的同事安迪·莫齐纳（Andy Mozina）博士是一位英语教授，也是一位出色的小说家。我要他从英美文学中，列出他认为最能说明进行比较的直接作用的例子。我尊重他的知识和品位，因此决定引用他的话：

- 在简·奥斯汀的小说《傲慢与偏见》中，达西（Darcy）是一位富有而傲慢的贵族，他鄙视伊丽莎白·本内特（Elizabeth Bennet）。她虽然也出身于贵族家庭，但收入却少得多，而且在他看来举止粗俗。然而故事的展开表明，事实上，就他们的才智和品质而言，他们比起当初认识到的要对等得多。
- 在托妮·莫里森（Toni Morrison）的《最蓝的眼睛》（*The Bluest Eye*）中，一个黑人女孩将她自己的容貌与可爱的、金发碧眼的秀兰·邓波儿（Shirley Temple）[1]进行对比，她看到秀兰的容貌非常漂亮，而自己的容貌却不怎么样。在社交活动中常常有人说她丑陋，部分原因是她是个黑人。她渴望有一对蓝眼睛，以使别人能称赞自己像个白人美女。她最终完全失去了作为人的内在价值，并且几乎100%受制于外部影响。她追求蓝眼睛的欲望，再加上他人对

---

1. 秀兰·简·邓波儿或译为雪莉·谭宝（Shirley Jane Temple，1928—2014），享誉全球的美国传奇童星及外交官，全世界第一位获得奥斯卡奖的童星。——译注

待她的方式，最终使她就作为人这一点来说却是给毁了。

社会比较和我们的脑

在现代神经科学中，已经采用了脑成像方法来帮助识别负责向上和向下比较的脑区和神经机制。向下比较会激活称为腹内侧前额叶皮层（ventromedial prefrontal cortex）的脑区，该区域在处理诸如金钱奖励等情况下也会被激活。向上比较与背侧前扣带回皮层（dorsal anterior cingulate cortex）的活动有关。有趣的是，该区域涉及负面事件（例如感到疼痛或是遭受金钱损失）的信号传递。研究人员谨慎地建议，可以从更具一般性的处理得失的框架出发，来理解社会比较的神经心理学基础。进化使我们一直关注得失。当我们只是第二名而不是第一名时，我们对比较尤其敏感。

第二名的悲剧

伯尔尼的悲剧（或奇迹）

我实在忍不住，但是我必须回到足球这个话题，并讨论1954年世界杯的最后一场比赛。在那场比赛中，德国（当时的西德）以3比2战胜匈牙利。前面我答应过要再讲讲这个故事。与我年龄相仿的西德和匈牙利男性，对这场比赛记忆犹新。匈牙利在小组赛中以8-3击败德国。但是，匈牙利队的队长和最出色的球员，传奇人物费伦茨·普什卡什受了伤。匈牙利随后又赢得了两场精彩的比赛，分别对阵巴西和乌拉圭，从而进入决赛。尽管费伦茨·普什卡什的伤势当时还没完全好，但他还是返回匈牙利队参加决赛，而且他只用了6分钟就让匈牙利队领先。仅仅两分钟后，当佐尔坦·齐博尔（Zoltán Czibor）为匈牙利队添加了第二个进球时，每个人都认为这次又将轻松击败德国队。但是，德国队迅速赶上，最后取得胜利。西德足球队在世界杯赛中取得的胜利成了战后德国历史的真正转折点，而此事对匈牙利所造成的后果，则特别说明了体育赛事对一个国家的政治可能产生的影响。这场失败给匈牙利公众造成了巨大震撼。

如果排名第二，你就并非最优秀

畅销儿童读物作家（兼律师，这是一种很好的组合）雷切尔·勒妮·吕塞尔（Rachel Renée Russell）在其《怪咖少女事件簿》（*Dork Diaries*）[1]中，反映了一位中学女生的感受："我觉得自己好像总是位居第二。我一直是备胎朋友，是一只备用轮胎。当老师要我们结对时，我总是被排除在外。我所有的朋友都结成了伙伴，我尴尬地站在那里。我讨厌成为所有人的第二选择。无论我多么努力，我总是做得不够好。帮帮我吧！"吕塞尔回答说："那么，如果你不是等别人，而是自己去挑选某人，会怎么样呢？ 如果你不是看上去很沮丧，而是满脸堆欢，然后走向某个人，在她来得及选择别人之前，问她'想结对吗？'"

中学女生并不是唯一遇到这种问题的群体。艾尔顿·塞纳（Ayrton Senna，1960—1994）可以说是运动史上最有影响力的一级方程式赛车手，他认为"屈居第二只不过是失败者中的第一人"。银牌得主亚伯·基维亚特（Abel Kiviat，1892—1991）到了 91 岁时承认，"我有时半夜醒来对自己说：'我到底怎么啦？'就像是一场噩梦。"基维亚特本应在 1912 年斯德哥尔摩奥运会上赢得 1500 米跑的冠军，当时阿诺德·杰克逊（Arnold

---

1.《怪咖少女事件簿》是雷切尔·勒妮·吕塞尔所著的一套儿童读物。这套读物以日记的形式讲述了一位 14 岁的主角妮基·麦克斯韦（Nikki Maxwell）在中学里和课后的日常生活。这套书是作者根据自己的中学经验写的，她的女儿为书作图。作者不仅是一位儿童读物作家，也是一名律师。此书在美国发行了 500 万册，并被译成 28 种不同的文字。——译注

Jackson）"不知道从什么地方跑了出来"仅以十分之一秒的优势击败了他。

何以致败

本段的标题引用了希拉里·克林顿（Hillary Clinton）解释她在2016年美国总统大选中为何失利的书名[1]，但我在此处仍然以体育为话题，并讲述现代奥运会的另一个故事。1996年，传奇的匈牙利击剑手格萨·伊姆雷（Geza Imre）在亚特兰大举行的男子重剑个人比赛中获得铜牌。[他没有参加2000年在悉尼举行的奥运会，因此在丹麦对阵匈牙利的女子手球决赛中，他未能亲眼看到他的妻子贝娅特丽克斯·克凯尼（Beatrix Kökény）的表现；尽管匈牙利一度曾占有六球优势，但丹麦最终还是获得了金牌]。在2015年赢得世界冠军后，他在2016年再次进入奥运会决赛。当他以14—10得分领先时，与赢得金牌所需的15分相比仅差一点点。伊姆雷在亚特兰大赢得铜牌时，他的对手韩国击剑手朴上永（Park Sang-Young）当时还只有一岁呢。但是，朴改写了伊姆雷的故事。伊姆雷说道："我在比赛的前八分半钟一直是赢家，但他在最后二十秒击败了我。在他的最后四剑中，他改变了策略，我完全应付不了。"

如果某个人非常，非常，非常接近于实现某个大目标（例如赢得奥运会冠军），却突然脑、精神、心脏或手脚出了问题，导致就在梦想快要实现之际，突然一切全完了，这可能很难让人在心理上接受得了。有关奥运奖牌获得者的心理学研究经常被引用，这些研究清楚地表明，银牌得主由于自己老是去与金牌得主进行比较而往往觉得痛苦。而另一方面，铜牌得主将他们的

1.《何以致败》（*What Happened*）是希拉里·克林顿撰写的一本书，于2017年9月12日正式出版。她在书中回顾了自己在2016年美国总统选举中的败选原因。她承认自己的缺点是败选的重要原因之一，同时也指责了对手唐纳德·特朗普、主流媒体，甚至是民主党阵营，引发了不少争议。——译注

成绩与第四名及更后面的运动员进行比较，因此尽管他们在技术上被银牌得主战胜了，但相比银牌得主，他们对自己更满意。

比较是排名和评分的基础？

俗语 "把苹果和橙子做比较"（comparing apples and oranges）[1] 表示两个对象无法进行比较的情况。我们一般都认为苹果和橙子之间是没有可比性的。在许多其他欧洲语言中，这句俗语也被说成是 "把苹果和梨做比较"。不管是橘子还是梨，比较是任何排名过程的基础，并且在决策中具有独特的作用。为了获得基于成对比较的排名，我们需要有一组项目，对每一个项目我们都可以独立地给出一个分数或评分，至少原则上是如此。我这就来讨论排名和评分的过程。

排名和评分

制作一张排行榜需要些什么信息呢？首先，我们需要一组项目（例如，人物、大学、电影、国家/地区、橄榄球队）；其次，我们需要一个比较的标准（例如，人口规模、身高或体重、年收入）。对任何两个项目 A 和 B，我们应该都能够做出明确的陈述。例如，项目 A 排名 "高于"、"低于" 或 "等于" B。对所有可能的配对，逐一进行这一过程，就能得到排行榜。人物、商品和产品都具有多种特性，因此可以通过多重准则对它们进行排名。不

---

1. 汉语里有一个更贴切的比喻："关公战秦琼"。——译注

同的准则之间经常是相互冲突的，例如，价格（或成本）和质量间的相互冲突。我们不能期望买到价格更便宜，同时驾驶起来更舒适的汽车。因此，多准则决策就要应用一些数学方法，以实现对可能的选择创建有序排名。例如，一个学生想要上大学，决策者（他和他的父母）必须对一些可能的选项（大学）进行排名，可以根据多个标准（比如学费、学术地位、离家的距离、设施的质量等）进行排序。最后，为了获得排名榜，我们需要一种算法。其实，算法就像是做菜的菜谱；换句话说，它就是一个有限的指令列表。要想使算法起作用，其诀窍在于，对每一个标准都赋予一个特定的数值（权重），用以表征该标准的相对重要性。权重都是主观确定的，我希望本书能把这一点讲清楚。在我们生活的世界中，决策过程都需要把主观因素和客观因素结合起来。

相比之下，评分是对每个项目赋予一个分数，通常是一个数字。例如，在国际象棋中，埃洛评分是一种公认的对棋手进行评分和排名的系统。每个棋手的实力都以数字来表示。此数字在每一场比赛之后会发生变化。如果你下赢了一位评分较高的棋手，那么相比下赢了评分较低的棋手更有价值。在下一节，我们将讨论埃洛评分在国际象棋和其他应用中的情形。

我们应该在什么时候使用排名或评分呢？有关排名的问题，需要你将不同的项目直接进行相互比较（例如，"请按照重要性，对以下各个项目进行排名，从排名第一的最佳项目到排名第十的最差项目"）。有关评分的问题，则要求你使用共同的标度（scale）来比较不同的项目（例如，"请以标度1—10对以下每个项目进行评分，其中1表示'非常非常差'，而10表示'优秀'"）。这两类问题都有其重要性。

在实际操作中，存在不同类型的评分标度，例如文字的（如"从劣到优"，"恨—中性—爱"），图形的（如医学检查室中的自我报告疼痛图形）和数字的（如学校中的成绩，SAT[1]分数）。哈佛大学心理学家史蒂文斯（S. S. Stevens）在 20 世纪 40 年代使用文字（nominal）、序数（ordinal）、区间（interval）和比率（ratio）等词语来描述计量标度的不同层次。[2]史蒂文斯声称，所有的科学测量都是使用以下四种类型的标度：

文字型标度只采用语言表述。

序数型标度使用排名次序，例如第一、第二等。采用该标度时，我们无法看到差别的相对程度。

区间型标度可以表示出项目之间的差异程度。摄氏温标就是一个很好的例子。但是，说 20 摄氏度是 10 摄氏度的两倍那么温热有什么意义吗？当然没有。

常规物理量（例如质量、长度和持续时间）属于比率型标度。零和比率都有它们的含义。一个事件的持续时间可以是另一个事件的"两倍长"。（对上述评分层次划分的批评意见请参见相关文献[3]）

将主观的性质转化为貌似客观的数字，是一种有益的尝试，但同时也是我们始终需要面对的问题。

---

1. SAT 测验（俗称"赛达"），以前称为学术能力测验（Scholastic Aptitude Test）和学术评估测试（Scholastic Assessment Test），是由美国大学委员会委托美国教育测验服务社定期举办的测验，和 ACT 一起作为美国各大学申请入学的重要参考条件之一。——译注

2. 参阅 Stanley Smith Stevens. On the theory of scales of measurement. Science 103, no. 2684（June 1946）: pp. 677–680.

3. 参阅 Paul F. Velleman and Leland Wilkinson. Nominal, ordinal, interval, and ratio typologies are misleading. American Statistician 47, no. 1（1993）: pp. 65–72.

你如何给自己的疼痛感打分？

某些评分标度把以上各种类型结合了起来。你上一次去医疗机构是什么时候？你可曾在某处看到过疼痛表？黄 - 贝克面部疼痛评分表（The Wong-Baker Faces Pain Rating Scale）[1]最初是为了帮助儿童确定其疼痛程度而制订的。它把疼痛用数字 0 到 10 划分为 11 级，其中 0 表示没有疼痛，而 10 则是可以想象得出的最严重的疼痛。这张表包括面孔、文字说明和数字。黄 - 贝克表中有六张面孔。第一张脸的疼痛评分为 0，表示完全不痛。第二张脸的疼痛评分为 2，表示"有点疼"。第三张脸对应疼痛评分 4 分，表示"多一点疼"。第四张脸代表的是 6 分，表示"更疼"。第五张脸代表的是 8 分，表示"痛得很厉害"。第六张脸的疼痛评分为 10，表示"疼到极点"。（图 2.1）

图 2.1　黄 - 贝克面部疼痛评分图示

我们应该如何给自己的疼痛感打分，这并不是一个简单的问题。当我们将"多维"的疼痛对应为从 0 到 10 之间的整数时，我们对信息做了压缩。每年春天，我都会进行理疗，以维护颈部的活动能力。这对我很有帮助，但是我总是很难用一个数字来表示自己的疼痛程度。疼痛为 0 到底意味着什么呢？我又应该如何描述治疗的有效性？

我与出色的非小说类作家尤拉·贝斯（Eula Biss）多少有些共鸣，他提到了五种痛苦：身体的、情绪的、精神的、社交的和财务上的痛苦。某个疼

---

1. 黄 - 贝克面部疼痛评分表是由唐娜·黄（Donna Wong，音译）和康妮·贝克（Connie Baker）提出的。该表显示了 6 张面孔，从 0 分的快乐面孔，即"不痛"，到 10 分的哭泣面孔，代表"想象得出的最严重的疼痛"。根据这些面孔和书面描述，患者从中选择最能描述其疼痛程度的面孔。——译注

痛治疗网站写道："数字不能说明所有问题，专家们说需要有更好的疼痛评估方法。"当我对理疗师桑迪（Sandi）说："好吧，也许是 3 吧。"他依然能够解读我的隐含信息——"也许更糟糕一些"。也偶有我很舒服的日子，我会说："那真的是 0。"0 疼痛又是什么意思呢？

有关 0 的历史、哲学和认知科学的一些话

起初，在记数法中并没有 0 这个数字。据一些学者考证，0 的概念源于佛教徒对虚空的思考。虚空的概念在西方心理学领域具有负面含义，但佛教徒并不把虚空等同于一无所有的概念。[1, 2]

数字 0 是在印度发现（或发明）的（"发现"意味着这个概念独立于人类活动而存在，我们只是给了它一个记号而已，而"发明"则意味着 0 是人类的创造物）。在巴赫沙利（Bakhshali）手稿中就已经有数字 0 出现，并用点表示：·。尽管巴比伦人和玛雅人更早就使用了作为占位符的符号[3]，但上述手稿似乎最早采用一个符号表示"什么都没有"本身。0 作为一个数字是佛教徒禅思的结果。巴赫沙利手稿现在收藏于牛津大学的博德莱安（Bodleian）图书馆中。2017 年，对手稿的放射性碳定年法测量表明，数字 0 出现在公元 3 世纪或 4 世纪，比以前认为的要早四五百年，这引起了数学史学家的极大兴奋[4]。数字 0 直到 1200 年左右才传到欧洲，当时意大利数学家斐波那契（约 1175 年至 1250 年）自北非旅行后回到欧洲。但是现在，整个

---

1. 参阅 Robert Kaplan. The Nothing That Is：A Natural History of Zero. New York：Oxford University Press，2000.

2. 参阅 Amir D. Aczel. Finding Zero：A Mathematician's Odyssey to Uncover the Origins of Numbers. New York：Macmillan，2015.

3. 占位符就是先占住一个固定的位置，等着再往里面添加内容的符号。——译注

4. 参阅 Hannah Devlin. Much ado about nothing：ancient Indian text contains earliest zero symbol. The Guardian. September 13，2017.

数字时代都基于"无"和"有"之间的差别。

　　认知科学结合了发育心理学、动物认知和神经生理学的研究，这种综合研究表明，数字 0 分四个阶段出现：第一，"没有"感觉（即缺乏任何刺激）；第二，"有"感觉，不过仍然是定性的；第三，视为一个量，一个空无所有的集合（空集，empty set）；第四，从空集转变到数字 0 本身。[1] 当今的认知神经科学研究了表征空集和 0 的神经机制。对于我们的脑来说，这不是一件容易的事。我们感觉系统中的神经元在进化上是为了对外部刺激作出反应。如果没有刺激，脑应该处于静息状态。不过，现代神经生理学实验表明，前额叶皮层中的神经元能够主动探测到"无"的存在。

　　零和非零，无和有，它们是我们这个数字时代中的基本类别。因此，当我们声称"我的疼痛为 0"时，我们应该三思（三是另一个神奇的数字）。但是，正如尤拉·贝斯所说的："我并不是一个数学家。我不过是正坐在医院里，试图用从 0 到 10 的标度来量化我的疼痛。为了这个目的，我才需要一个 0。"

　　如你所见，排名和评分都以一个反复出现的问题为中心：排名／评分过程的客观性如何？　如果某个事物不带偏见地表示了外部世界，那么它就是客观的；而如果某个事物是由个人偏好产生的，那么它就是主观的。如下面的示例所示，我们有时会以某种方式将这两种方法结合起来。

评价研究生申请者

　　在 12 月份期间，作为大学教授，我的一个季节性职责是根据几项标准

---

1. 参阅 Andreas Nieder. Representing something out of nothing: the dawning of zero. Trends in Cognitive Science 20, no. 11（November 2016）: pp.830–842.

来撰写推荐信和给学生评分，以帮助他们进入研究生院深造。每个学生都要请多名教授对其进行评估。有时候，我不得不告诉某个学生，我无法为其写出强有力的推荐信，所以最好不要请我写。我们这些评估人员将准客观的数据（例如，成绩）和主观的印象相结合，给出一个评价分数。尽管具有主观性，但这些评估过程并不是随机的；而且，为了使学生和研究生培养计划具有较好的匹配度，大学教授没有比这更好的方法了。招生委员会的目标就是招收那些成熟的、彬彬有礼的、可信赖的、沉稳的学生，而我的专业职责就是帮助他们实现这一目标。

大学网（CollegeNET）这家公司面向许多大学以及其他机构提供软件服务，以进行招生和入学申请的评估。他们的软件使用六个标准对学生进行评分：

- 所选领域的知识
- 追求目标的动力和毅力
- 独立工作能力
- 口头和书面表达能力
- 从事大学教学的能力／潜力
- 计划和实施研究的能力

对于每个标准，给学生的评分应该在下列五个选项中挑一个：优异（前5%），优秀（后15%），非常好（再后15%），好（再后15%）或还可以（最后50%）。（在其他一些软件中，"优异"是前2%。我注意到，如果将优异定义为前5%，我比较愿意将学生归到这个类别；但如果将优异定义为前2%，我就很少将学生归入此类。）

我们如何生成这些数字并选择出合适的类别？从原则上来说，可以采用微观理性主义的（microrationalist）[1]、自下而上的方法：教师们可以把几十年里的学生数据收集和存储起来，他们也可能拥有一个用于计算百分比的形式算法。但我相信，我们当中的许多人更愿意采用自上而下的策略。我会问我自己：我是否要打出许多"优异"？申请人是否具有某个明显的弱点，在哪方面我应该把他的分数打成第三等或第四等？如果我打出四个优秀和两个优异的成绩，结果会怎样呢？无论是好是坏，决策者把这些成绩加在一起，分析它们的分布情况，然后对如何给出推荐意见进行主观分析。正如丘吉尔可能会说的那样：除了所有其他的评估形式之外，量化是最糟糕的评估形式。[2]

现在，我来讲量化评估取得了良好效果的两个著名例子：对数学家和国际象棋棋手的评分和排名，得到了各自业界的广泛认可。

从数学家排名到国际象棋棋手评分

埃尔德什数

沙弗龙（Saffron）是密歇根州卡拉马祖市最好的印度餐厅。今年春季，我和我的妻子曾经跟密友们一起在这里用餐。（对于来自布达佩斯，并且居住在密歇根州西南部的我们来说，在美国土生土长的最可能成为密友的人，其妻子如果不是来自布达佩斯，就是来自布拉格。我的朋友汤姆在底特律出生和长大——远在 1967 年骚乱之前——他对中欧精神有很好的了解。）当

---

1. 这是埃迪教授创造的一种表述：指非常注重细节，对细节了解得很清楚，然而缺乏大局观的人。——译注

2. 丘吉尔的原话是："Democracy is the worst form of government, except for all the others"（除了所有其他的形式之外，民主是最糟糕的政府形式。）他的意思是虽然民主也有许多缺点，但是没有缺点更少的其他政府形式。——译注

我进入餐厅时，我问汤姆："我在这里看到一个人，他应该来自你们数学系，他的车上有一块标有'埃尔德什＃1'的装饰性车牌，你认识他吗？"该车车主是艾伦·史威克（Allen Schwenk），他是与保罗·埃尔德什（Paul Erdős，1913—1996）共同发表过论文的512位数学家之一。史威克和埃尔德什在图论领域合写了四篇论文。图论是数学的一个分支，卡拉马祖市的西密歇根大学在这方面非常出名，以至于埃尔德什曾经经常去那里访问。在他们合作30年后，史威克在讲到埃尔德什的影响时仍然充满热情。只要看看他的车牌，你就不难想象这一点。

埃尔德什终其一生发表了约1 500篇数学论文（实际上，最后一篇论文发表于2015年，距埃尔德什去世已差不多有二十年了），其中大部分是合著的。一共有512个人与他直接合作，这些人的埃尔德什数为1。与他们合作（但未与埃尔德什本人合作）的人，其埃尔德什数为2（约10 000人）。进一步地，这些埃尔德什数为2的人（但埃尔德什数为1的人除外）其合作者的埃尔德什数为3（例如像我这样的人）。

就排名这件事来说，这不仅是一个很好的故事，可以说明数学家如何（半认真地）接受埃尔德什数作为对数学家地位的一种指标，而且这也是明智和民主的数学家群体的自我组织机制的独特例证。

这是数学家和神经生物学家、经济学家甚至哲学家之间的桥梁吗？

雅诺什（约翰）·圣阿戈陶伊［János（John）Szentágothai，缩写JSz，1912—1994］是20世纪最杰出的神经解剖学家之一，他的埃尔德什数为2，因为他与阿尔弗雷德·雷尼（Alfréd Rényi，1921—1970）[1]在1956年发表了

---

1. 阿尔弗雷德·雷尼（Alfréd Rényi，1921—1970）是匈牙利数学家，他在组合论、图论、数论，特别是概率论方面都作出了贡献。——译注

一篇合作论文［关于克拉克柱（Clarke columns）[1] 中突触传递的概率］。似乎可以说，JSz 是连接数学界与神经科学界，甚至与哲学界的桥梁。JSz 还与另外两位科学大佬合著了书，他们分别是诺贝尔奖获得者约翰·埃克尔斯爵士（Sir John Eccles，1903—1997）和神经生理学家伊藤正男（Masao Ito，1928—2018）。（有趣的是，JSz 本人采用了今天所谓的"小世界"[2] 概念来思考大脑皮层的网络图。JSz 提出，皮层网络的组织应该是介于随机和规则之间的某种中间结构。据他估计，新皮层的任何两个神经元，都可以通过平均不超过五个神经元的传递链相互连接。）埃克尔斯与卡尔·波普尔爵士（Sir Karl Popper，1902—1994）[3] 合著了一本书，[4] 因此这里就有一条直接的数学—神经生物学—哲学链。（图 2.2）

另一个通过雷尼而使自身埃尔德什数为 2 的非数学家是匈牙利经济学家安德拉斯·布罗迪（András Bródy，1924—2010）。他们在难忘的 1956 年里也发表了一篇关于价格调控问题的论文。因此，这就提出了另一个问题：既然几乎所有埃尔德什数为 1 的人都是数学家，那么有多少个非数学家拥有埃尔德什数 2，还有多少个其他科学界也加入了整个协作版图？

---

1. 也称胸椎后核（posterior thoracic nucleus）、背核（dorsal nucleus）或克拉克背核（nucleus dorsalis of Clarke），是在椎板 VII 内侧部分（也称为中间区域）中发现的一组中间神经元。它主要位于颈椎 C7 到腰椎 L3-L4 的水平，是下肢本体感受的重要结构。——译注

2. 在网络理论中，小世界网络是一类特殊的复杂网络结构。在这种网络中大部分的节点彼此并不相连，但绝大部分节点之间经过少数几步就可到达。在日常生活中，有时你会发现，某些你觉得与你隔得很"遥远"的人，其实与你"很近"。小世界网络就是对这种现象（也称为"小世界现象"）的数学描述。——译注

3. 卡尔·雷蒙德·波普尔爵士（Sir Karl Raimund Popper，1902—1994），出生于奥地利，犹太人，被誉为 20 世纪最伟大的哲学家之一。——译注

4. 参阅 Karl Popper. The Self and Its Brain. Berlin：Springer，1977.

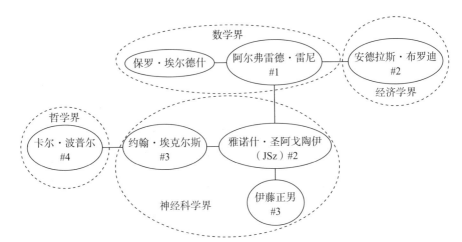

此图显示了雷尼与 JSz 的关系如何充当数学界和神经科学界之间的桥梁，以及雷尼与安德拉斯·布罗迪的关系如何把数学家和经济学家联系起来。如果要把本书作者也包含到此图中，将被表示为连接到 JSz 的某个节点。

图 2.2　学者之间的关联

给国际象棋棋手评分：成功者的故事

阿帕德·埃洛（Arpad Elo，1903—1992）出生于匈牙利，他 10 岁时随父母移居美国。他曾是威斯康星州密尔沃基市马奎德（Marquette）大学的物理学教授，也是美国国际象棋联合会（US Chess Federation）的创始人。埃洛创建了一种评分系统，用来表征国际象棋棋手的相对实力，这一点在本章前面已经提到过。较强的棋手通常会击败较弱的，但并非总是如此。在埃洛评分系统中，每一盘国际象棋比赛都有一个预期的得分。两个棋手的评分的差别越大，弱者成功的机会就越小。如果强者输给评分非常低的棋手，那么强者的评分将大大降低。为了避免用到数学，我使用了非常定性的术语"强"和"弱"，但埃洛系统精确地定义了这些术语。1970 年世界国际象棋联合会（FIDE）正式采用埃洛系统，在此之后它十分流行。按照现在制订的评分系统，当相差 100 分的两位棋手对弈时，评分较高的棋手获胜的概率为 64%，评分较低的棋手获胜的概率为 36%。我在 2017 年 9 月 6 日查询时发现，挪威世界冠军马格努斯·卡尔森（Magnus Carlsen）以 2 827 分名列榜首，而乌克兰国际象棋大师、前世界快棋冠军瓦西里·伊万丘克（Vassily Ivanchuk）以 2 727 分排名第 32 位。2015 年，全球大约有 10 000 名棋手的埃洛评分超过 2 200。该数字对应于"候选大师"级别。可以说，这个数字代表国际象棋专业水平的最低标准。FIDE 每月更新其评分列表，因此候选大师列表的变化相当频繁。

在国际象棋之外，许多比赛项目也采用了埃洛评分系统对选手进行排名（从拼字游戏、双陆棋[1]、回棋、棒球、橄榄球直到在线游戏）。你将在"动物和人类社会中的社会排名"一章中读到一个重要的应用实例（即，量化社会支配度，social dominance）。

埃洛评分是一个运行良好的系统，当然它也还有改进的余地。来自哈佛大学的数学家马克·格里克曼（Mark Glickman）提出了一种考虑个人评分的可靠性这一因素的方法。如果一个人长时间没有参加比赛，那么对该人的评分就应该被认为是不那么可靠的。格里克曼把这个新的系统称为格里科（Glicko）系统，它不仅要计算分数，而且还要计算"评分偏差"（ratings deviation，RD），用以度量评分的不确定性（高 RD 对应于不可靠的评分），由此进一步推广了埃洛系统。

---

1. Backgammon，又称十五子棋戏，棋盘上有楔形小区，两人玩，掷骰子决定走棋步数。——译注

对前十名的痴迷

列表

我们对有序列表的热爱正处于鼎盛期，但它的历史可能比我们所想象的还要久远！在遥远的过去，列表在宗教史上发挥着重要作用。今天，我们固有的对有序列表的喜爱也是很有用的。英国广播公司（BBC）的电子百科全书将"列表狂"（listmania）定义为"将任何东西，不管是音乐艺术家、难忘的运动时刻、经典语录、年度词汇等，都以列表形式加以归类的一种媒体痴迷"。我们的脑和心灵都热爱列表，互联网上到处体现出列表的无所不在。我在cnn.com上花了六分钟的时间，生成了一个有关列表的列表（有趣的是，大多数列表中的候选者数量都在10上下浮动），这些列表最多只要单击一下就可以看到：

- 伊斯坦布尔8家最佳酒店
- 你甚至没有意识到的5种亏本原因
- 纳帕谷（Napa Valley）[1]的7个最佳住宿地点
- 12家出色的酒店，非常适合动物爱好者
- 最好的日食照片集
- 机场附近最好的10处海滩
- 长途乘机出行的8个生存技巧

---

1. 纳帕谷是位于美国葡萄酒产区纳帕县的葡萄种植区。纳帕谷被认为是世界上主要的葡萄酒产区之一。——译注

- 退休前要问自己的 4 个问题

脑力游戏中的列表

我们脑的功能是处理感觉系统感知到的所有外部信息。只有在我们能够理解的情况下，脑接收到的信息才是有用的，而列表有助于我们组织新旧信息。在某些情况下，人们处于复杂、动态的环境中，他们需要迅速地理解正在发生的事情，以便做出决定，然后采取行动。从历史上看，态势感知（situational awareness）[1] 理论及其实践产生于军事指挥或控制这一领域。然而，其他一些活动，例如空中交通管制、消防或航空飞行，以及更普通的复杂任务，如开车甚至骑自行车，都要求我们理解快速变化的环境并及时做出反应。态势感知始于对时空两方面的环境要素和事件的感知，然后是理解其含义，并估计未来可能发生的事件。

列表有助于我们理解接收到的信息。基姆游戏（Kim's Game）就是一个著名的例子，它说明了如何将复杂的环境映射到列表中，以及如何提高理解的效率。"男人气质培养"（Art of Manliness）博客的创建者伯特（Bert）和凯特·麦凯（Kate McKay）很好地总结了这一游戏的起源，所以我在此加以引用：

---

1. 态势感知（也有译为"状态意识"）是指对时空环境性元素及事件的知觉，并包括对它们意思的理解，及对一些变数（例如时间或预定事件）改变后的状态预测。它也指一门学科，专门研究对环境中要素的理解将对决策产生何种影响。——译注

在鲁德亚德·吉卜林（Rudyard Kipling）[1]的著名小说《基姆》（*Kim*）中，少年金博尔·奥哈拉（Kimball O' Hara）经过培训、成为一个间谍。作为这种培训的一部分，他由名义上是一家珠宝店店主的卢根·萨希布（Lurgan Sahib）指导。

卢根要男仆和基姆（Kim）一起做"珠宝游戏"。这位店主在托盘上放了15颗宝石，他让两个年轻人看了一会儿，然后用报纸盖住宝石。仆人曾经多次参加过这一游戏，他很容易就能讲出报纸下面珠宝的名称，并准确地描述它们，甚至可以准确地猜测出每块宝石的重量。但是，任凭基姆苦苦地回想，仍然无法写出报纸底下宝石的完整列表。

基姆抗议说，仆人比他对珠宝更熟悉，并要求重赛。这次，托盘上铺满了从店铺和厨房中收集来的杂物。但是，仆人的记忆力再次轻松地击败了基姆。仆人甚至还赢了另一场比赛，在那场比赛中，他的双眼在东西被遮盖起来之前就被蒙住，他只是用手摸了摸这些物件。

基姆既自愧不如又非常好奇，他想知道这个男孩是如何成为这个游戏的高手的。卢根回答说："反反复复地练习，直到臻于完美。这样做是值得的。"

在接下来的10天中，基姆和仆人使用各种不同的物品（珠宝，匕首，照片等等）反复练习。很快，基姆的观察力就可以和他的老

---

1. 约瑟夫·鲁德亚德·吉卜林（Joseph Rudyard Kipling，1865—1936），生于印度孟买，英国作家及诗人。他是英国19世纪至20世纪中一位很受欢迎的散文作家，被誉为"短篇小说艺术创新之人"。在1907年获得了诺贝尔文学奖，《基姆》是他的代表作之一。吉卜林生活的年代正值欧洲殖民国家向其他国家疯狂地扩张的时代，他的部分作品也带有明显的帝国主义和种族主义色彩。——译注

师相匹敌了。今天，该游戏就被称为"基姆游戏"，童子军和军事狙击手都玩这种游戏，以提高他们注意和记住细节的能力。这种游戏很容易做：你让某人将一堆不同的物体（通常是24个）放在桌子上，仔细观察一分钟，然后用一块布盖住物体；接下来，你要尽可能多地写出你记得起的对象。你应该能够至少记起16个以上。

记住列表

人脑通常记不住一长串互不相干的物品。我们不太擅长记住一串数字，没有意义的文字或要在超市中购买的商品。在1885年左右，记忆研究的先驱之一，赫尔曼·埃宾豪斯（Hermann Ebbinghaus，1850—1909）对自己进行了记忆研究，他试图记住无意义的音节。他一次又一次地测试自己的记忆，意识到记忆的质量呈指数下降。他还提出了一个理论，认为他的记忆表现可以通过"遗忘曲线"进行定量表征。另外他发现，他的记忆表现取决于物品的数量，与短列表相比，记忆一长串物品更加困难。

但是，对这些一般性的结论，也有一些显著的例外。有些人能够把没有意义的列表记住数十年。苏联神经心理学家亚历山大·卢里亚（Alexander Luria，1902—1977）研究了一位名叫所罗门·舍列谢夫斯基（Solomon Shereshevski，1886—1958）的记者，后者显然具有无限的记忆力。他能够记住很长的列表、数学公式、演讲和诗歌，哪怕它们是用外语表达的，他也能在14年后回忆起这些列表，就和他初次见到它们时一样精确。他的记忆表现和对象的长度无关，这偏离了埃宾豪斯根据其观察所提出的理论。舍列谢夫斯基被诊断为有联觉（synesthesia）[1]，也就是不同的感觉相互联系。他在

---

1. 联觉就是在产生一种感觉的同时也产生了另一种感觉，例如当看不同数字的同时也看到了不同的颜色，甚至在听不同的音高时看到了不同的颜色。——译注

意识到自己的能力后，便作为记忆达人进行表演。尽管拥有完美的记忆力，但这一能力也给他的日常生活造成了困扰，因为他很难把几分钟前和几年前发生的事件区分开来。[1]卢里亚对著名的神经病学家和作家奥利弗·萨克斯（Oliver Sacks, 1933—2015）产生了深远的影响。

人们每天都使用促进记忆的技术来提高其记忆力。有一种称为间隔重复（spaced repetition）的技术直到现在仍然很流行，并且可以一直追溯到埃宾豪斯的研究："在一段时期里的适当时刻多次重复记忆，肯定要比单纯一次性硬记好很多。"（这就是为什么我们告诉学生们不要临时抱佛脚！）此外，在学习阶段的后期，发生遗忘的速度较慢，因此你可以减慢练习的节奏。事实证明，在学习需要长期记忆的事项时，间隔重复是最有效的方法之一。如果要求你在刚遇到某人后不久想起该人的名字，然后在过了较长一段时间之后仍然能够想起此人的名字，那么，一个好的策略是，将重复记忆的时间间隔拉开，也就是在 5 分钟、30 分钟以及 2 个小时后分别回忆一下这个名字，而不是尝试每 30 分钟回忆一次。

许多实验研究了医学院校中的有效学习方法。在医学院校中，学生们需要学习大量的事实性知识（经常以列表的形式呈现）。以第 1、6、16 和 29 天这样逐渐加大的时间间隔进行学习，相比按照固定的时间间隔（第 1、10、20、29 天）进行学习的效率要高得多。[2]但是，学生们，在记住概念之前，首先应该理解它们！

我有一位来自布达佩斯的数学家朋友（约翰，你可能还记得，他从未有过汽车），他建议我写写他儿子使用的一款软件。他的儿子是欧盟的翻译员，喜

1. 参阅 Alexander Luria. The Mind of a Mnemonist: A Little Book About a Vast Memory. New York: Basic Books, 1968.

2. 参阅 Marc Augustin. How to learn effectively in medical school: test yourself. learn actively, and repeat in intervals. Yale Journal of Biology and Medicine 87, no. 2（June 2014）: pp. 207-212.

欢学习多种语言中的新单词。这款叫做安基（Anki）的软件，采用了类似纸质识字卡（physical flashcards）的古老方法。正如我将在本章稍后讨论的那样，我认为没有比（谨慎地）相信群体智慧更好的方法了（但是，这并不一定意味着我对过去几年的一些选举结果感到满意）。为此，我登录了红迪网（Reddit）[1]（红迪网自称为"因特网的首页"），并发现了一处有关安基软件的提问：

1. 它在长时间内的表现如何？

2. 在使用过程中，你是否真正记住了（几乎）所有你想记住的内容？

3. 若以1—10的分数表示这个程序影响你学习的程度，你将给予多少分，或将该程序排到第几名？

如你所见，有一个问题是关于排名的（当然，努力给出评分或打分数会更精确），下面是对这些问题的一个回答：

纯粹是一些感想，但是……1）大约5个月后，我学到了更多的俄语词汇，如果用其他方法我学不到那么多；2）到目前为止，是的；3）8—9，我比以往任何时候都更有信心，因为我拥有一个有效的工具来复习我的材料，并且不会让任何内容漏掉。苍天啊，要是我在法学院上学之前就发现了安基软件，那就更好了。

热爱列表

英国心理学家克劳迪娅·哈蒙德（Claudia Hammond）后来成为英国广播

---

1. 新闻网站名。——译注

公司（BBC）的一名播音员，他写了一篇题为"我们爱列表的九个心理原因"的文章。[1]标题本身就令人生疑：真的有九个原因，而不是七个或十三个原因吗？亲爱的读者，你有自己的关于我们喜欢列表的理由吗？无论如何，哈蒙德的列表如下：

1. 我们确切地知道我们将得到什么。
2. 我们不喜欢错过。
3. 它们可以减轻脑的负担。
4. 我们容易认为我们太忙了，因而没有时间读更多的材料了。
5. 它们易于在一览之下呈现出重要信息。
6. 我们总是能知道还有多少没列在列表上。
7. 尝试猜测列表上会有的内容很有趣。
8. 我们喜欢被证明是正确的。
9. 列表使人有一种确定感。

这很可能不是一张有序列表。但是，如果我看到一个标题为"25 所最佳文理学院"（liberal arts college）的列表，那么我肯定就知道该列表将包含 25 项内容，并且最佳学院的名字往往出现在第一个位置上。当然，也有些列表采用逆向排序的方式，即第一名排在最后。10 是一个不错的数字。有一阵，在大卫·莱特曼（David Letterman）晚间秀节目中，"十强榜"曾经是其在深夜电视中深受欢迎的法宝。在和凯西·卡塞姆［Casey Kasem，"美国 40 强榜"（American Top 40）的共同创始人］合作的一期"从 1 到 10 的前十佳数字"节目中，莱特曼挪揄了有关排名的胡言乱语。

---

1. 参阅 Claudia Hammond. Nine psychological reasons why we love lists. BBC, April 13, 2015.

　　著名的意大利小说家和公共知识分子翁贝托·艾考（Umberto Eco，1932—2016）有一句名言："我们喜欢列表，因为我们不想死。"列表是把握难以理解的内容的重要手段。每当遇到新信息时，我们都会下意识地生成列表，以对它们进行组织。艾考发现，列表对于逃避有关死亡的想法很是重要。根据我的世俗观察，当我们准备"待办事项列表"时，我们总是活着的。

待办事项列表

　　我们中的许多人都会制订待办事项列表，即在所有任务中，我们总体上需要"立刻"完成的优先列表。因此，我们先是列出要做的所有事情，之后再生成一张排序列表，最重要的任务位于列表的顶部，最不重要的任务位于列表的底部。编写待办事项列表，并不像听起来的那样简单。我们可能会问，是否有某种编制待办事项列表的"最佳"算法。我们要执行的任务有许多不同的特性：紧迫性，推迟完成会有什么危害，完成任务所需的时间等。你当然不能推迟到幼儿园接孩子的时间。如果你的老板让你在中午对情况做出简评（也许是以列表的形式），那么你就必须决定是在午餐之前还是之后做这件事（好吧，一个卖力的员工，甚至会不进午餐而去准备它）。有些人认为，一个长长的待办事项列表，就是对他们的价值和不可或缺性的最好证明。（当然，令人难过的事实是，墓地里到处都是必不可少的人，而成功人士通常能够外包他们的任务，就像大家都知道的汤姆·索亚在粉刷篱笆时所做的那样。[1]）

　　对于短期、中期和长期项目，制订有不同时间尺度的待办事项列表是合理的。"短期"可能是一天，或者在繁忙时期可能是两个小时。我们应该把事

---

1. 在美国文豪马克·吐温的名著《汤姆·索亚历险记》中，主人公汤姆·索亚的姨母要他粉刷篱笆，他对这项单调的工作感到厌倦，但是他装出非常认真的样子，这引起了他玩伴的注意。当他们想试一下时，他故意以姨母的要求很高为由假装不能同意，直到玩伴答应给他报酬，才假装不情不愿地让他们代他粉刷。——译注

情写下来，用笔和纸做记录是很有用的（为此使用旧信封很是方便！）。我们有意识的心智一次最多只能注意四五件事，而通常我们一天要做的事情会更多。（你能写下今天必须要做的事吗？或者，如果你是在深夜阅读本段内容，那么，你能写下明天要做的事吗？）

一百年前，商务顾问艾维·李（Ivy Lee）受邀给钢铁巨头查尔斯·M. 施瓦布（Charles M. Schwab）提供改善业务效率的建议。李要求与每位高管进行 15 分钟的讨论。

"您要我付多少钱？"施瓦布问。

李说："要是不起作用，就什么也不用付。三个月后，您可以给我一张支票，您觉得值多少就付多少。"

他向每位高管提出了一种看似简单的技巧：

1. 在每个工作日结束前，写下明天需要完成的 6 项最重要的事情。不要写下多于 6 项以上的任务。

2. 按照实际重要性，对这 6 项任务进行优先度排序。

3. 当明天来临时，只专注于第一项任务。连续工作直到完成了第一项任务，再继续执行第二项任务。

4. 以相同的方式处理列表的其余部分。在一天结束时，将所有未完成的任务写进第二天的包含 6 项任务的新列表中。

5. 每个工作日都重复此过程。

这个技巧奏效了，李得到了 25 000 美元的支票。将此数字乘以 15，你可以计算出它在今天的等效值。由于我心很平，因此，如果该方法对你有效，你只需付我原始金额就行了。

沃伦·巴菲特（Warren Buffet）[1]有自己的一套管理优先事项的方法。在一个著名的故事中，他让他的私人飞机驾驶员迈克·弗林特（Mike Flint）在列表 A 中列出自己想做的 25 件事。然后，他让后者圈出其中最重要的 5 项，得到列表 B。下面是他们之间的对话：

> 弗林特："好吧，前 5 项是我的优先关注点，但其他 20 项紧随其后。它们仍然很重要，因此我会视需要穿插地进行处理。它们并不那么紧迫，但我仍然计划尽全力去做。"
>
> 巴菲特："不。你错了，迈克。你没有圈出的所有内容，正是你应该尽全力避免去做的事。不管这些事是什么，在你完成前 5 项工作之前，你都不要去注意这些事情。"

因此，优先次序和注意力分配是个人和机构决策的主要要素。（有关政治制度的注意力分配，请参阅相关著作[2]）待办事项列表已被证明有助于组织我们的活动，而列表所提供的那种结构已经成为书面媒体中的一种流行形式，这种体裁被称为列表文（listicle）[3]。

可能待办事项列表：新的灵丹妙药？

现在，待办事项列表已被公认为是很有价值的时间管理策略，但它们也

---

1. 沃伦·爱德华·巴菲特（Warren Edward Buffett，1930— ），美国投资家、企业家及慈善家，世界上最成功的投资者之一。巴菲特是伯克希尔·哈撒韦公司的最大股东、董事长及首席执行官。在 2008 年全球富豪排名第一，2017 年第二。——译注

2. 参阅 Bryan D. Jones and Frank R. Baumgartner. The Politics of Attention: How Government Prioritizes Problems. Chicago: University of Chicago Press, 2005.

3. 此词是由列表（list）和文章（article）两个词组合起来得到的一个新词，意为采用列表/清单形式写成的文章。——译注

有不利的一面：它们鼓励完成小任务。你可以花费一些时间来管理小任务，花30秒到60分钟的时间执行一个任务，但是如此一来，我们做了什么重要的、有意义的事情吗？约翰·泽拉茨基（John Zeratsky）标榜自己能够"帮助人们为重要的事情腾出时间"。

他使用"一件大事"的概念来使每一天的工作效率更高，它既可以用于计划自己的每个工作日，也可以筹划数周甚至数月。他从"可能要做的事情"列表开始设计每一天的工作，并提出了一个"两步走策略"：第一步，从可能要做的列表中选择一天中最重要的大事；第二步，把个人资源（时间和精力）分配给这件大事以及其他必须要做的事情。这种"两步走策略"的优点在于，它将计划过程和执行过程分开。在执行过程中感到疲倦时，请不要改变计划！你应该相信计划过程是可靠的！[1]

列表文的文学形式

芝加哥大学杂志上的一篇文章［由语言学家阿里卡·奥克伦特（Arika Okrent）撰写］出色地解释说，列表文是一种类似于打油诗或俳句（haiku）[2]的文学形式。如果你在列表文的标题中看到一个数字，你就得到了一个重要信息，它是关于你将接收到的内容的数量。于是你可以决定："是的，我愿意花费一定量的、我承受得了的时间去阅读这个列表的内容。"列表文的标题中，数字10可能仍是出现频率最高的，但是其他数字也常被使用，以使这种体裁看上去更加有趣。列表文中提供了有序列表，因此，如果标题中出现了"最佳"、"最大"或"最差"，我们就知道某事或某人将会被列举出来。我们的脑喜欢把事情依次排成一列，因此我们就这样做了。

---

1. 参阅 Julie Compton. Forget to-do lists: use a might-do list to work smarter. NBC News, April 11, 2017.

2. 日本传统诗体，三行为一首，通常有17个音节。——译注写到列表文和俳句，我情不自禁地写下我的第一首俳句：

三行——一篇列表文

列表脑喜欢

已知项目数

到此就为止

从个人认知偏差到群体智慧，以及反过来

回到我的故事上来，当我在给学生的知识、动机和能力打分时，我也在思考自己的认知，没有理由否认在我的评估方法中也存在主观因素。我以某种方式整合了对学生性格、态度和表现的印象。当然，对和我关系比较密切的学生来说，我们就生活的不同方面确实进行过很多次对话，从职业道德到科学哲学，从政治到爱情无所不谈。我试图做到客观，但很难避免所谓的晕轮效应（Halo Effect）[1]。晕轮效应是认知偏差的一种形式，即我们对一个人的整体印象决定了我们对其某一特性和表现的评估。这个概念的出现可以追溯到爱德华·桑代克（Edward Thorndike，1874—1949），他是一位心理学家，在距今大约 100 年前的一项研究成果中描述了这一概念，涉及指挥官对士兵的评价方式。自从我意识到晕轮效应以后，我就更加努力地对每个项目独立地进行评分，而不受其他项目的影响。幸运的是，一个学生需要同时被多个人进行评

---

1. 晕轮效应，又称"光环效应"、"光晕效应"、"月晕效应"，属于心理学范畴。晕轮效应是指人们首先是根据初步印象得出对他人的认知，然后再从这个印象推论出认知对象的其他特质。换言之，人们对人的认知和判断往往只从局部出发，扩散而得出整体印象，即是常常以既定印象概全。一个人如果被标明是好的，他就会被一种积极肯定的光环笼罩，并被赋予一切都好的品质；如果一个人被标明是坏的，他就被一种消极否定的光环所笼罩，并被认为具有各种坏品质。——译注

估,因此也许(是的,只是也许)个人偏见可能给平均掉。正如我现在就要讨论的那样,集体智慧可能比个人判断更有效率。

查尔斯·达尔文(Charles Darwin)的嫡表兄弟弗朗西斯·高尔顿(Francis Galton,1822—1911)喜欢计数和测量所有事物。他以改善人类遗传质量为目标而创立了优生学,并因此而声名狼藉,但他为生物学、心理学和社会学领域的定量化作出了贡献。一个著名的故事报道说,他参观了英格兰西部的育肥牧畜和家禽展览(West of England Fat Stock and Poultry Exhibition)。在参展动物中有一头公牛,他请客人们估计该牛的体重。大约有八百人参加,他们的中位数估计非常接近实际值。(中位数是指将数据样本正好划分为上一半与下一半的那个值。)该观察的关键结论是,群体估计的准确性要高于个别专家估计的准确性。

这个概念以"群体智慧"(the wisdom of the crowd)之名而得到普及,它也是詹姆斯·苏罗维基(James Surowiecki)[1]在2005年出版的一本书的标题。[2]我们当然不必相信群体的意见都是无可挑剔的。苏罗维基认为,如果个人意见彼此独立,那么群体作出的估计确实不错。然而,个人意见的独立性似乎是一种幻想。尼采认识到并强烈批评了人类所具有的从众心理。如果我们让自己受到他人影响(如尼采所写,就像绵羊跟从其他绵羊一样),那么群体的估计结果就会有偏差。在瑞士苏黎世,由德克·黑尔炳(Dirk Helbing)[3]领导的、世界领先的计算社会科学研究小组通过研究证明了这一

1. 詹姆斯·苏罗维基(James Michael Surowiecki,1967—)是美国记者,《纽约客》(The New Yorker)有关商业和金融的专栏作家。——译注

2. 参阅 James Surowiecki. The Wisdom of Crowds: Why the Many Are Smarter Than the Few and How Collective Wisdom Shapes Business, Economies, Societies and Nations. New York: Doubleday, 2004.

3. 德克·黑尔炳(Dirk Helbing,1965—)是苏黎世联邦理工学院人文、社会和政治学系计算社会科学教授,也是计算机科学系的成员。——译注

点。他们向人们提出一些中性的问题，后者被要求估计一些与人口统计或犯罪有关的数据（例如瑞士在某一年份的人口密度和强奸案数量）。相比于彼此可以交换意见的情况，当参与者之间不能互动时，所得到的结果要更符合实际。实际上，当共享意见时，各人给出的估计范围会缩小，而且意见的中心值会偏离实际值。他们的发现令人惊讶。[1] 通常，我们相信共识意味着更好的决策；但是，也可能会发生这样的情形，最初的"好"的估值会由于微小偏差而被羊群效应所放大。

我们发现，如果意见分布的范围更广泛，那么总体的估计会更好。同样的道理，就像密歇根大学复杂系统科学家斯科特·佩奇（Scott Page）的模型计算证明的那样，与一组性能相近、表现较好的求解器相比，一组各不相同的问题求解器可以提供更好的决策。[2]

如果希望群体是有智慧的，那么这样一个委员会的规模应该是多大才合适呢？天真的直觉可能会以为越大越好。但是，如果我们记起"委员会把马设计成了骆驼"（A camel is a horse designed by a committee.）[3] 这一说法，我们中的许多人就会改变主意。社会动力学和复杂系统的科学家研究了现实世界中的情况[4]，并试图确定为解决诸如下列问题所需要咨询的人数：（1）为了预测选举结果，记者需要咨询的政治专家人数；（2）为了获得最佳的诊断准确性，患者

1. 参阅 Jan Lorenz, Heiko Rauhut, Frank Schweitzer, and Dirk Helbing. How social influence can undermine the wisdom of crowd effect. Proceedings of the National Academy of Sciences of the United States of America 108, no. 22（May 2011）: pp. 9020–9025.

2. 参阅 Scott E. Page. The Difference: How the Power of Diversity Creates Better Groups, Firms, Schools, and Societies. Princeton: Princeton University Press, 2007.

3. 人多嘴杂办糟事的意思。——译注

4. 参阅 Mirta Galesic, Daniel Barkoczi, and Konstantinos Katsikopoulos. Smaller crowds outperform larger crowds and individuals in realistic task conditions. Decision 5, no. 1（January 2018）: pp. 1–15.

应咨询的医生人数；（3）为了对经济的未来走势作出正确的估计，政府应咨询的经济学家人数。数学分析和实验数据均表明，较小的群体胜过较大的群体，中等规模（5人至15人）的小组得出的结果要优于大型委员会。

让我们退一步讲。我们是否可以把一个人也当做群体的特例？例如，有的人对某事或某人可能有多种看法。而且，人们可能在几周后对同一件事情给出不同的估计。既然事实证明平均是有用的，那么，甚至同一个人也可以通过综合其不同的观点而受益：群体和众包（crowdsourcing）可能存在于同一个人的头脑之中！

学习小结: 基本概念

与他人进行比较是人类的基本活动，我们无法避免进行比较和被人比较。因此，我们需要做出权衡：有利的比较使我们感到快乐（至少在短期内是如此），而不利的比较会驱使我们更努力工作。对许多因素作系统比较产生了排名榜。原则上，评分看起来要更简单一些——给要评分的对象或主体打个分数（通常是某个数字，但不一定总是如此），而与给其他对象或主体打的分数无关。作为给学生打分的老师，我当然知道自己绝无可能永远都保持客观：在给各个学生打的分数之间，存在一些相互影响。有序列表是基于各种因素的排名。由于列表可以压缩并组织信息，因此我们多少都会喜欢列表、阅读列表和制作列表。不管你是否愿意，每天我们都会阅读大量的排行榜，很多时候它们是以列表文的形式出现的，博客作者和记者们最近经常采用这种体裁，其作用是通过排名的过程来传达信息。

现在，我们已经为讨论排名过程的生物学和社会学机制做好了准备，我们甚至还可以讨论与这些机制相关的计算算法。具体地说，下一章将要讨论有关动物和人类社会中发生的社会排名问题。

动物和人类社会中的社会排名

鸡群中的啄食顺序

发现小鸡啄食顺序是一个令人难以置信的故事，它表明即使你只有 10 岁，也可以发现科学事实。索利夫·谢尔德鲁普 - 埃贝（Thorleif Schjelderup-Ebbe，1894—1976）[1] 成长于挪威奥斯陆的一个富有家庭。当时他们一家人在郊区度夏。他们的房子带有一个庭院，里面饲养了许多鸡，年幼的索利夫对观察鸡的行为，尤其是它们的社会关系充满了兴趣。根据家庭传说，他观察和记录了鸡 A 地位高于鸡 B，鸡 B 高于鸡 C，以及诸如此类的方式，并创造了"啄食顺序"一词来描述他在鸡群中观察到的等级关系。鸡不仅作为一个群体进行排名，而且还接受各自在排序中的地位。等级次序规定了获取资源（尤其是食物和配偶）的优先次序。如果你是一只普通的鸡，既不是"顶层鸡"也不是"底层鸡"，那么你会接受顶级大佬的优先地位，并尽量避免与其冲突。而且，当一只地位较低的鸡在你选择的配偶附近活动时，它也知道不要越规。尽管谢尔德鲁普 - 埃贝出色

---

1. 索利夫·谢尔德鲁普 - 埃贝（Thorleif Schjelderup-Ebbe，1894—1976）是挪威的动物学家和比较心理学家。——译注

地发现了鸡的社会等级，但他未能成功地处理人类的等级关系。作为一名
大学生，他深受挪威第一位女教授克里斯汀·波内维（Kristine Bonnevie）
的影响。不幸的是，这位女教授认为谢尔德鲁普 - 埃贝写了一篇批评她的
文章，从此她就不再支持其研究，他再也无法在自己的国家获得良好的声
誉。尽管如此，谢尔德鲁普 - 埃贝的啄食顺序概念，仍然引发了对从昆虫
到灵长类的各种动物的等级结构（dominance hierarchy）的详细研究。即
使我们有一种更复杂的社会组织，适用于鸡群的原则在某种程度上也对人
类起作用。这又是如何做到的呢？

对等级的评估和对等级结构形成的理解

对动物行为的观察

人类观察和记录动物的行为有着悠久的传统。最早的例子来自洞穴壁画。
据考古学家称，迄今为止，已经发现的最古老的洞穴壁画来自印度，至少有
35400 年的历史，它描绘了一头猪；实际上，洞穴壁画最常见的主题是大型野
生动物。在书面历史中，亚里士多德（公元前 384—公元前 322）的《动物志》
（*History of Animals*）一书中有许多准确的目击观察结果。但是在当时，要想连
续观察动物群体在自然环境中的社会行为，而又不对它们产生干扰是非常困
难的。对当代的生态学家和伦理学家来说，他们可以使用无线传感器和全球
定位系统（GPS）来跟踪和监视各种自由行动的动物的行为和互动。

等级结构的出现：自组织

对于昆虫、鱼类、鸟类和灵长类动物等多种群居动物来说，线性等级结构
（Linear dominance hierarchies）被证明对其群体资源的管理非常有效。由于已

经积累了越来越多的数据，因此在当代动物行为研究中，我们已经可以探索有关等级制度演化背后的机理了。一个著名的研究计划是安博塞利狒狒研究项目（Amboseli Baboon Research Project）[1]，该项目获得并分析了有关野生狒狒行为的数据。人类已经对数以万计的野生狒狒的对峙遭遇进行了观察。在这种经常性的对峙活动中，既有赢家也有输家，犹如 NBA 比赛一般，所以基本上每头狒狒都参与了一场联赛。令人惊讶的是，动物行为研究人员早已在使用埃洛评分方法，用来分析过去"游戏"的结果并预测未来的结果。所谓的"赢家和输家效应"似乎是令人信服的。它描述了这样一种现象：在以后的遭遇中，获胜者往往更有可能获胜，而失败者则往往更有可能输掉。[2,3]

对长尾小鹦鹉的行为研究，也拓展了人们对社会等级及其与攻击行为之间的关系的认识。长尾小鹦鹉具有一些特征，例如脑体积相对较大、寿命相对较长，这些特征使其成为研究复杂社会行为的合适对象。当长尾小鹦鹉群体刚刚形成时，这个社会群体并没有任何结构化的行为。大约在一周之后，它们的行为策略就开始改变。首先，这些动物在观察和参与了一系列攻击性的互动之后，意识到了各自所处的层级，这也意味着它们形成了一些社会性记忆。其次，在决策和后续行动中，它们运用了对自己所处等级的认

---

1. 安博塞利狒狒研究项目是在肯尼亚南部安博塞利盆地对黄狒狒（Papio cynocephalus）进行的一项长期研究项目。它启动于 1971 年，是世界上对野生灵长类动物进行时间最长的研究之一。安博塞利狒狒项目的研究集中于个体、群体和种群的水平，近年来，该计划也涉及了狒狒生物学的其他方面，例如遗传、激素、营养、杂交、寄生虫以及与其他物种的关系，等等。——译注

2. 参阅 Eric Bonabeau, Guy Theraulaz, and Jean-Louis Deneubourg. Dominance orders in animal societies: the self-organization hypothesis revisited. Bulletin of Mathematical Biology 61, no. 4 (July 1999): pp. 727–757.

3. 参阅 Mathias Franz, Emily McLean, Jenny Tung, Jeanne Altmann, and Susan C. Alberts. Self-organizing dominance hierarchies in a wild primate population. Proceedings of the Royal Society B: Biological Sciences 282, no. 1814 (September 2014).

识。这些鸟会根据对社会层级的了解，决定应该或不应该与谁一起战斗（或与之对抗）。长尾小鹦鹉不仅避免与等级比自己要高的同类交战，而且也不会浪费精力与等级远低于自己的同类打架。[1]

等级制度无疑能够限制冲突的升级，并有助于维持群体的稳定。

万人之上的两种方法："强力"对阵"知识"

进化机制：权力与声望

为了能够生存下来，我们的祖先需要哪些东西呢？他们和我们一样，都需要食物和配偶！进化机制导致等级结构的形成，用以调节对这些资源的分配。对于灵长类动物和人类而言，在决定个体在同类中的地位方面，某些生物学机制是相似的。处于社会等级顶端的人们，会从他们较高的社会地位中受益，这是因为他们由此拥有了更多的资源，从而可以过上一种更健康也更幸福的生活。渴望获得更高的社会地位似乎是全人类的普遍动力。

社会阶梯的升降有两种明显不同的机制，即权力和声望。权力是一种在进化上更古老的策略，其基础是根据身体的大小和力量来威吓团队中其他成员的能力。在权力等级制度中，群体成员不会自愿地接受其社会地位，而只能通过胁迫。群体成员彼此之间相互战斗，这些斗争的胜利者将被认定为"上级"，失败者将被视为"下属"。如此形成的等级制度，自然地成为一种防止群体中不必要的战斗和伤害的方式。

声望作为一种策略，在进化上更年轻一些。声望是基于群体对其技能

---

1. 参阅 Elizabeth Hobson and Simon DeDeo. Social feedback and the emergence of rank in animal society. PLoS Computational Biology 11, no. 9（September 2015）.

和学问的评价。声望等级制度是由群体的认同来维持的，而不是由于特定成员施加的压力。具有不同人格特征的人会采用不同的策略，这一点不足为奇。通过权力来确保自己地位的人们，往往更加具有攻击性、喜欢操纵他人和具有自恋倾向。相比之下，注重声望的人，往往更加认真负责、自信和善于灵活变通。以上两种策略都可能有某些负面影响。权力型领导者会把维持其控制力看得比实现群体的目标更为重要，而声望型领导者有时会把社会认可度置于群体的目标之上。[1]

电影和书籍中经常使用"权力对阵声望"的主题。为了达到自己的目标，反面角色通常崇尚权力，而正面角色则赢取声望。例如《星球大战》（*Star Wars*）中的达斯·维达（Darth Vader）和尤达大师（Master Yoda），或者《狮子王》（*The Lion King*）中的刀疤和辛巴（Simba）（或木法沙，Mufasa）。在后一对中，刀疤靠权力统治其他动物，因为他得到了许多鬣狗的支持，就像拥有一支军队一样，而辛巴（或木法沙）之所以得到支持，是基于他的声望和他在群体中赢得的尊重。[2]

社会心理学表明，当存在心理上的威胁时，那些可以帮助个人应对威胁的外部力量，其吸引力就会有所增加。即使没有真正的威胁，外部力量也可以人为地制造一种群体正在受到威胁的感觉，用"我们绝对不能允许一个移民！"来煽起恐惧的策略就是如此。他们修建栅栏和围墙，然后要求布鲁塞尔和墨西哥必须为这一边界的建造费用买单。当人们感到不确定，并在心

---

1. 参阅 Jon Maner. Dominance and prestige: a tale of two hierarchies. Current Directions in Psychological Science 26, no. 6（November 2017）: pp. 526–531.

2.《狮子王》（*The Lion King*）是一部 1994 年上映的长篇动画片。《狮子王》的主角为一只名叫辛巴的幼狮，它本是父亲木法沙的继承者。但在辛巴的叔叔刀疤谋杀木法沙后，辛巴被误导认为自己应对父亲的死负责并开始流亡。后来辛巴逐渐成长，最后在儿时好友的启迪下，重回旧地挑战刀疤以结束他的暴政，并重夺王位。——译注

理上觉得难于把握自己的生活时，这种策略特别有效。[1, 2]

社会排名的生物学机制

从社会生物学到进化心理学

著名的生物学家和作家爱德华·威尔逊（Edward Wilson）从生物进化的角度解释了利他主义、攻击性和其他社会行为。他在 1975 年出版了一本关于他所谓的"社会生物学"（sociobiology）的著作[3]，其中主要讨论的是群居动物（例如蚂蚁），只有一章涉及人类，但是这一章引起了激烈的争论。带头反对社会生物学的，是进化生物学的两位领军人物理查德·勒沃廷（Richard Lewontin）和史蒂芬·杰伊·古尔德（Stephen Jay Gould, 1941—2002），他们抨击社会生物学说支持了生物决定论（biological determinism）[4]。正如他们所认为的那样，生物决定论可能会带来严重的负面社会后果。社会生物学已被进化心理学所取代，进化心理学是一种不那么直接的、更中性

---

1. 参阅 Hemant Kakkar and Niro Sivanathan. When the appeal of a dominant leader is greater than a prestige leader. Proceedings of the National Academy of Sciences of the United States of America 114, no. 26（June 2017）: pp. 6734-6739.

2. 参阅 Niro Sivanathan and Hemant Kakkar. Explaining the global rise of 'dominance' leadership. Scientific American, November 14, 2017.

3. 参阅 Edward O. Wilson. Sociobiology: The New Synthesis. Cambridge, MA: Harvard University Press, 1975.

4. 生物决定论，也称为遗传决定论，是一种信念，即人类行为直接受个体的基因或其某些生理特性的控制，而忽视环境作用（无论是在胚胎发育中还是在学习中所受到的影响）。它与一些科学和社会运动有关，包括优生学、"科学种族主义"以及关于智商是否可遗传的问题，也与性取向基础和社会生物学的争论有关。——译注

的理论，它利用自然选择机制来解释人类行为和文化的演变。[1]但是，没有理由否认我们的生物学根源，所以我们将会讨论它们在等级制度形成时所起的作用。

激素、压力和排名

无论对猴子还是人类来说，激素睾酮的水平都是量化社会权势的好方法。实验研究发现，与社会地位低下的个体相比，社会地位优越的个体的睾酮水平更高。实验还表明，胜利（或失败）意味着男性运动员的睾酮水平升高（或降低）。不仅在足球、橄榄球、网球和摔跤中是如此，在国际象棋中也观察到这种现象。不仅运动员是这样，在体育赛事爱好者中也发现了睾酮水平的变化。

三种激素（肾上腺素、皮质醇和去甲肾上腺素）与压力相关。承受一点压力是好事吗？是的，在一定程度上讲是这样。压力有助于动物在动态环境中的生存。当新的威胁出现时，动物在制订计划并采取相应行动之前，必须能够快速地感知、理解和评估情况。当动物感受到压力时，其垂体和肾上腺皮质就会释放应激激素（stress hormones）[2]。这些应激激素将对动物的身体产生多种生理影响，例如心跳加快、肌肉紧张增强，而消化和繁殖功能则会受到抑制。曾经有过一段时间，人们幼稚地认为一群人中地位低下的成员有最高水平的应激激素，并且认为这是源于斗争失败或无法获得优先资源所产生的压力。但是，关于猴子和人类的数据是很有争议性的。社会地位高的动物也表现出较高的压力，但持续时间要短，这可以帮助他们赢得下一场竞争（这意味

---

1. 参阅 Jerome H. Barkow, Leda Cosmides, and John Tooby, eds.. The Adapted Mind: Evolutionary Psychology and the Generation of Culture. New York: Oxford University Press, 1992.

2. Stress hormones 在专业文献中往往译为"应激素"，通俗一点讲也就是压力激素。——译注

着其社会地位会进一步提高）。受到欺凌的地位低下的雄性，其应激激素水平长期偏高，而这是非常有害的，并导致其社会地位进一步降低。我们都知道，要打破这种恶性循环是非常困难的。下面是一小段列表文《有点肾上腺素可能是件好事的八点理由》：[1]

1. 在一项工作截止那天，它可能帮到你。
2. 你的视力会变好。
3. 你会呼吸得更轻松。
4. 增强你的其他体验。
5. 它可以阻止疼痛。
6. 它可以增强你的免疫系统。
7. 你可以获得一点额外的力量。
8. 它可能有助于你减缓衰老。

我们早就明白，列表只是列表。我不会将这一列表文当作"终极真理"，而是作为一种有一定根据的见解。

狩猎技能帮助实现传宗接代

在人类学研究中，人们记录了地球上多种社会中男性狩猎技能与传宗接代之间的有趣关系，其中包括：居住在巴拉圭东部的狩猎采集者阿千（Aché），坦桑尼亚北部的土著民族哈扎（Hadza），安哥拉、博茨瓦纳和纳米比亚的卡拉哈里沙漠（Kalahari Desert）的土著狩猎采集者孔（！Kung），菲

---

1. 参阅 8 reasons a little adrenaline can be a very good thing. Mental Floss，accessed February 10, 2019.

律宾的土著岛民阿格塔（Agta），以及居住在中非共和国和刚果的游牧民族巴亚卡（Bayaka）。华盛顿大学人类学家埃里克·奥尔登·史密斯（Eric Alden Smith）分析了其中的可能因果机制。他发现，"好猎人给妻子和孩子吃得更好，从而增强配偶的生育力和／或后代的生存能力"的天真假设，以及其他一些假说，并不一定总是成立的。实际上，数据似乎表明狩猎是被当作一种身份象征，而不是一种主要的食物来源。[1]

改善还是维持现状

在等级结构中，我们是要提高自己的地位，还是要保持现有的稳定地位，这两者之间需要权衡。晋升意味着你爬到了梯子的上一级，而被解雇意味着你倒退了一级或多级。在今天的日常生活中，公众更容易获取海量的信息，这让他人很容易就知道我们的社会身份。人们的行动更易于被公开，因此人们更容易获得或失去社会地位。只要想一想，当女性勇敢地站出来，对性骚扰和性侵害说一声"我也是受害者"（me too）时，那些文化和媒体偶像的地位轰然倒塌，我们就能明白这一点了。我不确定这整个运动将走向何方，唯一肯定的是将男人和女人变成战场上的敌对双方，这对哪一方都不利。然而，对于揭示无论发生在哪里的性骚扰和性别歧视的重要性，有些话还是要说的。正如我从一位亲密的女同事那里听到的，如果把竞争与合作理想地结合起来，这可能就是最好的解决方案了。为妇女创造更安全的环境可能会更好地促进合作，并确保竞争在公平的环境中进行。但是我不得不承认，我并不完全确定这样一个更加安全的环境究竟是怎么样的。

---

1. 参阅 Eric A. Smith. Why do good hunts have higher reproductive success? Human Nature 15, no. 4（December 2004）: pp. 342–363.

　　马丁·诺瓦克（Martin Nowak）[1]和卡尔·西格蒙德（Karl Sigmund）[2]提出了一个数学模型，它表明即使受助者没有机会回报援助者，相互合作也可能出现。[3]这是因为，提供帮助可以提高一个人的声誉，它反过来又会使其更有可能得到帮助。这种间接互惠的作用，可以用两个随机选定的玩家之间的不对称互动来加以模拟。这种互动之所以是不对称的，是因为其中一方是"提供方"，他可以决定是否合作，而另一方则是被动的接收方。但是，这个决策的结果并非局限于只有两人知道，因为群体中会有一部分人观察到它，并可能会把这个信息传播开去。因此，做出合作的决定有可能会提高一个人的声誉，其结果是，那些被认为乐于助人者也可能更有机会获得帮助。要对间接互惠的结果进行评估当然并不容易。所以，一个希望合作的个体，更有可能寻找另一位合作型的个体实施这种策略，而不是找一位不愿回报的人。能够预知的某人声誉的概率，应该大于这种利他行为的成本／收益比。进化博弈论认为，间接互惠可能是社会规范演化的一种机制。我们将在"为声誉而战"一章中再回过头来讨论有关声誉的话题。

身高与社会地位的关系

　　如果你想成为上校甚至是总统，那就做个高个子吧！也许这并非完全正确，但"地位—身高假设"认为身高与社会地位之间存在正相关。身高在我们的生活中有多重要呢？我们一般不会暴打我们的竞争对手（拳击竞赛

---

1. 马丁·安德烈亚斯·诺瓦克（Martin Andreas Nowak，1965— ）是哈佛大学生物学和数学教授，进化动力学项目的主任。——译注

2. 卡尔·西格蒙德（Karl Sigmund，1945— ）是维也纳大学数学教授，也是进化博弈论的开拓者之一。——译注

3. 参阅 Martin A. Nowak and Karl Sigmund. Evolution of indirect reciprocity. Nature 437，（October 2005）：pp. 1291–1298.

另当别论，穆罕默德·阿里就得猛击对手），当然这里的"暴打"一词不能按字面上的意思来理解（即使我们更强壮，也不是这个意思），也许只有在暴力团伙中，肢体对抗才可能会是一种更为常用的取胜技巧。

但是，我们的上述看法似乎是偏颇的。我们容易相信，较高的人的地位也更高。根据世俗的智慧，某种程度上科学文献也表明，两位总统候选人中的较高者通常会赢得美国总统大选。研究人员说，高个子的领导人被认为是更强大的领导人。伍德罗·威尔逊（Woodrow Wilson）[1]（5 英尺 11 英寸）和富兰克林·罗斯福（Franklin D. Roosevelt）[2]（6 英尺 2 英寸）的身高表明，身高在战争时期尤其重要。特别是在受到威胁的时候，我们倾向于选取"高人"（"Big Man"）[3]作为领导者。不过当差别不大时则无关紧要：在 2012 年总统选举中，巴拉克·奥巴马（6 英尺 1 英寸）击败了身高比他高 1 英寸的米特·罗姆尼（Mitt Romney）。

西点军校（West Point）是一家以培养高级军官而闻名的顶级军事院校，它在 20 世纪 50 年代制定了一项政策，用以防止身高对新学员排名的影响。这是通过将学员按身高分组来实现的。最初这样做是为了使部队在行军时显得更加整齐，但同时也是为了防止身高歧视。学员的晋升名额平均分配给不同的小组。这一限制后来被取消了，因为统计数据表明，身高对减缓最矮男性的晋升速度只有很小的影响，而最高的男性在晋升最高军衔时仅是稍有优势。尽管仍然存在一定的相关性，但这些数据不利于继续维持按照身高分组的做法。时至今日，西点军校的晋升人员仍然高矮都有，对身材较高的人们

---

1. 托马斯·伍德罗·威尔逊（Thomas Woodrow Wilson，1856—1924），美国第 28 任总统。在他的第二个任期（1917—1921）中的中心议题是第一次世界大战。——译注
2. 富兰克林·德拉诺·罗斯福（Franklin Delano Roosevelt，1882—1945），美国第 32 任总统，从 1933 年至 1945 年间，连续出任四届美国总统。——译注
3. 此处语带双关，Big Man 在英语里既有"大个子"，又有"大人物"的意思。——译注

只有一点点倾斜。以前按身高分组的做法，或许对西点军校的晋升情况会有较持久的影响，但随着时间的流逝，要是真还存在这种偏见的话，那么由于身高得到的好处就应该变得非常明显才是。可见身高对军官的排名影响很小，以至于在训练学员时不需要进行特别干预。

　　进化心理学给出了一种理论框架，试图解释我们的脑如何进化，从而使我们得以在石器时代存活下来，并随后产生了我们当前身处的文化。荷兰进化心理学家马克·范瓦格特（Mark van Vagt）和他的同事们，发现了社会地位和我们对身体特征的看法之间的联系：

　　•　如果一个人拥有更高的地位，不管是通过声望还是权力获得的，那么他会被认为比实际情况要更高大。
　　•　较高的人们，会被认为具有比实际情况更高的声望或权力地位。
　　•　相比声望高的人，由于权力而身居高位者更会被认为比实际情况更强壮。
　　•　强壮的人们被看作大权在握，但不一定被视为是有声望的。
　　•　与成人相反，小学年龄的儿童常常将身材与支配地位相联系，而与声望无关。

　　这一发现表明，虽然权力有可能普遍地与身材更高的观感相关，但身高和声望之间的关系则是文化的产物。

　　我认为，多产的传奇匈牙利数学家埃尔德什身高不会超过 5 英尺 6 英寸。虽然他既不是上校也不是总统，但他仍然被认为是数学界的君主。另外，在数学王国中，其他王国的公告"国王驾崩了，国王万岁！"对他并不适用：埃尔德什虽然已经去世 20 多年了，但他仍然是数学之王。

社会结构:"等级"对阵"网络组织"

等级结构

等级结构是表征物理、生物和社会系统的非常普遍的组织原则。[1] 等级结构是由层次(layers)或者说等级(levels)组织起来的。在跨学科研究的领域中,一个很好的例子是复杂的、等级化的人类社会的演变,这一研究通过将传统历史数据收集起来进行分析,并与数学建模结合起来进行探索。这项研究的核心假设涉及两个支配因素:战争和所谓的多层次选择(multilevel selection)。这两个因素都推动了人类许多世纪以来的演化。[2] 据人类学家说,人类社会是从规模较小、相对平等的部落演化而来的,这些部落通过竞争与合作相结合的多层次选择机制,最后演化成先进工业化国家的复杂社会实体。从历史上看,部落群体的形成导致了对稀缺资源的竞争,而部落则为了本部落成员的利益而自私地采取行动。但是,历史学家和人类学家指出,在像战时这样的激烈竞争时期,部落群体之间也倾向于合作。部落成员之间的合作增强了社会凝聚力,推动了技术进步(包括军事和管理的用途),并导致了人口的膨胀。由于认知上的限制,任何个人可以维持的社会关系的数量也就有限,进化机制促使社会群体按文化、语言、宗教和其他因素划分,并构建出越来越大的社会等级体系,现在这种体系已经发展为可以涵盖数十亿人的社会。

这些跨学科的研究表明:(1)利他主义(牺牲我们自身的利益,为群体

---

1. 参阅 Anna Zafeiris and Tamás Vicsek. Why We Live in Hierarchies? A Quantitative Treatise. Berlin:Springer,2018.

2. 参阅 Peter Turchin and Sergey Gavrilets. Evolution of complex hierarchical societies. Social Evolution and History 8,no. 2(September 2009):pp. 167-198.

内的其他人谋福利）和敌对倾向（针对非我族裔者）都是人类的普遍行为；（2）上述两者的交集（所谓的狭隘利他主义, parochial altruism）[1] 导致产生了大规模等级社会结构的一种进化机制，此机制可以用"合作起来进行竞争"（cooperate to compete）这句口号来说明。社会科学家喜欢说，单纯的生物学机制不足以解释社会等级制度的形成，而现在我也同意把生物学因素和社会因素结合起来进行考虑。正如司马贺（Herbert Simon）[2] 所说，解决问题（problem solving）是导致等级制度的机制，个人专长和劳动分工则是主要的工具，而并非是自私基因型的竞争。

一些社会等级结构

社会层级结构贯穿整个历史，以下是跨越古代和现代的一些实例。

（1）阿兹台克人严格的社会等级制度。

阿兹台克人按照社会的、政治的和宗教的等级加以组织。选举制度确保了延续性：君主通常是从已故统治者的兄弟或儿子中选拔的，由与前任君主有亲属关系的四位贵族组成的高级议会选举产生。贵族享有许多特权，包括全面的教育和更炫丽的衣服。他们可能会担任政府职务。值得一提的是，工匠甚至仆人也有可能成为贵族。阿兹台克人有一定的阶级流动性，因为有杰出表现的仆人可以升级。平民是指农民、工匠、商人和低级祭司等。奴隶一般拥有比我们通常以为的更多权利：他们有权组建家庭，甚至有权赎

---

1. 参阅 Jung- Kyoo Choi and Samuel Bowles. The coevolution of parochial altruism and war. Science 318, no. 5850（October 2007）: pp. 636–640.

2. 赫伯特·亚历山大·赛门（Herbert Alexander Simon, 1916—2001），汉名为司马贺，美国著名学者、计算机科学家和心理学家，研究领域涉及认知心理学、计算机科学、公共行政、经济学、管理学和科学哲学等多个方向。为 1975 年图灵奖得主，1978 年获得诺贝尔经济学奖。——译注

身。（实际上，贫穷的自由人也可以卖身为奴。）

（2）中世纪欧洲的等级制度。

中世纪欧洲的封建制度有严格的"啄食秩序"：从教皇到国王再到农民，每个人都知道他在等级结构中的地位。国王在等级结构中居于首位，在整个结构中拥有最大的权力，这是基于下列信念：上帝拥有土地，而国王授命于上帝进行统治，并可以使用土地。国王将土地授予贵族，贵族们则报以军事服务。贵族又将土地授予农民，让他们从事耕作和其他劳动。

（3）托加袍和社会地位。

罗马社会等级森严。在贵族中，有权势显赫的地主和政治人物，例如执政官（consul）、元老（senator）和法官，他们有权否决特定的法律。最著名的贵族家族有儒略·恺撒（尤利乌斯·恺撒，Julius Caesar），科尼利亚（Cornelia），克劳迪亚（Claudia），法比亚（Fabia）和瓦莱里亚（Valeria）等家族。平民（必须纳税的普通公民）从事店主等普通工作，不能参加政府管理。然而，罗马最著名的执政官之一西塞罗却是平民。自由人的职业常常是手工艺人或商人等，尽管不是奴隶，但他们享有的权利却很少。奴隶没有权利，他们从事采矿、农业、建筑和其他劳动密集型行业的工作。经过多年工作，奴隶有可能攒够积蓄并赎身。罗马人所穿的托加袍类型很好地反映了这种等级组织。

（4）社会地位的象征性动作。

在日本，鞠躬是用动作表明相对地位的一个典型例子。从历史上看，鞠躬始于明日香（Asuka）和奈良（Nara）时期（538—794），这一传统可追溯到中国佛教。在现代日本社会中，鞠躬的行为得到了保留，并且用于表达从感谢、道歉到祝贺等多种态度。鞠躬动作的等级由其弯曲角度来表示（见图3.1）。

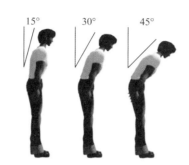

图 3.1　一世纪时日本鞠躬的意义

（引自 Wikimedia Commons）

社会主导取向

社会主导取向（social dominance orientation，SDO）被用于衡量社会和政治态度。借助李克特标度（the Likert scale），SDO 通过对一系列陈述的响应来进行衡量。经常使用的李克特标度提供了五种可能的答案（强烈反对，反对，不同意也不反对，同意，强烈同意），并给这些答案分别赋予了数字 1 到 5。以下是在教科书中举出的一些陈述示例，你可以据此检查自己的态度：

- 一些文明比所有其他文化传统带来了更大的进步。
- 妇女和少数族裔的较低工资，只是反映了较低的技能和教育水平。
- 爱国主义是政治人物最重要的品质。
- 如果不执行死刑，谋杀犯将会犯下更多罪行。

SDO 可以衡量对社会群体之间不平等的态度。尽管这一衡量是针对当前的，但它也能够预测未来的行为："对维持当下等级状态的、涉及不同群体的社会政策，SDO 也可以预测其支持程度，例如在多大程度上支持侵略战争、惩罚性刑事司法政策、死刑和酷刑，又在多大程度上反对人道主义做法、社会福利和平权法案（Affirmative action）[1]。"[2]

脑如何帮助我们了解自己的社会地位？

你还记得你是如何度过新工作（或新环境）的头几天吗？我想我们当中的许多人，都会有意无意地收集有关人们之间正式和非正式关系的信息。揭示八卦网络的结构和非正式的社交等级结构需要花费更长的时间，或许不难发现，一个坐在隔壁办公室的同事似乎对我们办公室里的每个人都很了解。因此对我来说，不定期拜访他以了解这里最近发生（以及将要发生）的事件，是一种可行的策略。

现代神经科学将脑成像设备和计算技术相结合，以揭示我们的脑如何处理社会等级结构信息的一些机制。[3,4] 这个令人兴奋的领域，被称为社会神经科学，揭示了与反映等级和权力有关的脑区和神经机制。研究表明，对于普遍存在的妇女或少数族裔的就业歧视，称为背外侧前额叶皮层的脑区在

---

1. 平权法案又称为优惠性差别待遇、积极平权措施、矫正歧视措施等，是指防止对肤色、种族、宗教、性别、国族出身等少数群体或弱势群体歧视的一种手段，对这些群体给予优待来消除歧视，从而达到各族群享有平等的权利。平权法案主要集中于就业、教育、工程承包和医疗方案，如入学的种族配额及选举的性别配额等，借此减少歧视及避免少数族群在就业和教育上受到不公平对待。但这种措施也时常引起逆向歧视等争议。——译注

2. 参阅 Arnold K. Ho, Jim Sidanius, Nour Kteily, Jennifer Sheehy-Skeffington, Felicia Pratto, Kristin E. Henkel, Rob Foels, and Andrew L. Stewart. The nature of social dominance orientation: theorizing and measuring preferences for intergroup inequality using the new SDO7 scale. Journal of Personality and Social Psychology 109, no. 6 (December 2015): pp. 1003–1028.

3. 参阅 Caroline F. Zink, Yunxia Tong, Qiang Chen, Danielle S. Bassett, Jason L. Stein, and Andreas Meyer-Lindenberg. Know your place: neural processing of social hierarchy in humans. Neuron 58, no. 2 (April 2008): pp.273–283.

4. 参阅 Dharshan Kumaran, Andrea Banino, Charles Blundell, Demis Hassabis, and Peter Dayan. Computations underlying social hierarchy learning: distinct neural mechanisms for updating and representing self-relevant information. Neuron 92, no. 5 (December 2016): pp. 1135–1147.

其中可能发挥了重要作用，这也与 SDO 标度所显示的保守态度以及强化等级结构的态度直接有关。

这意味着什么呢？ 如果神经决定论成立的话，那么一位极端保守主义者就可以说"我身不由己，该负责的是我的前额叶皮层"了吗？ 对此要给出一个好的回答并不容易。在神经科学和法律的交叉领域中，正在兴起一门新的科学领域，以讨论神经机制、自由意志和刑事责任之间的关系。[1] 这个问题在目前还悬而未决。

网络社会？

"网络"已成为流行语。运输网络，贸易网络，食品网络，电力网络，万维网和互联网，以及社交网络都是我们现在日常生活的一部分。社会学家建议，比起简单的、纯粹的等级结构，社会可以更恰当地被看作是一个复杂网络。[2,3] 从历史上看，有几个因素促进了网络化社会的兴起：

（1）开放市场精神克服了对自由经济活动的监管壁垒。例如，股票市场是开放的，因为任何投资者都可以参与，价格对于所有参与者而言是相同的，而与他们在社会阶层中的地位无关，它们只根据供求关系的变化而变化。

（2）20 世纪 60 年代后期以自由为导向的政治和文化运动的精神。

---

1. 参阅 Bebhinn Donnelly-Lazarov. Neurolaw and Responsibility for Action：Concepts，Crimes，and Courts. Cambridge，UK：Cambridge University Press，2018.

2. 参阅 Barry Wellman. Physical place and cyberplace：the rise of personalized networking. International Journal of Urban and Regional Research 25，no.2（June 2001）：pp. 227–252.

3. 参阅 Manuel Castells. The Rise of The Network Society. Hoboken，NJ：Wiley，2000.

（3）信息和通信技术革命。尼尔·弗格森（Niall Ferguson）[1] 在其畅销书《广场与塔楼》（*The Square and the Tower*）[2] 中指出，历史可以被视为等级制度与网络结构之间的斗争。这种斗争的一个例子关乎去中心化货币的出现，例如一些虚拟货币。我口袋里有几美元纸币，我将用它们换来褐色的温暖液体。为什么我可以用这些绿纸换成咖啡呢？因为美国政府保证美元的票面价值。而许多虚拟货币是一类去中心化的货币。挖矿（mine）美元完全是非法的，但人们可以挖矿虚拟货币。[3] 当使用纸币时，人们相信国家政府，而虚拟货币的价值来自使用者的网络。在等级系统中，很容易确定谁排在首位。传统上，研究人员采用了各种指标来确定谁居于网络社群的中心。一旦选择了预先定义的中心性（centrality）指标，就可以用一个分数来表征群体中每一个成员所处的地位。

图 3.2 显示了一个由 10 人组成的网络，表 3.1 中显示了三种可能的中心性指标。

程度中心性（degree centrality）由节点所具有的直接连接数来表征。在图 3.2 所示的网络中，肖恩和比尔具有最多的直接连接数。他们是"连接器"（connectors）或"集线器"（hubs）。相反，埃利的直接连接很少，少于网络中的平均水平。但是，从很多方面看，她都处于网络中的最佳位置之一，因为她位于两个重要的群体之间，并且在网络中扮演着"经纪人"的角色。埃米莉和

---

1. 尼尔·坎贝尔·道格拉斯·弗格森（Niall Ferguson，1964— ）是英国历史学家，现为哈佛大学的提胥讲座教授、牛津大学耶稣学院等资深研究员。他的专长是与世界史、经济史、恶性通货膨胀、基金市场、美国暨英国的帝国主义等相关的研究。2004 年，他被评为《时代》杂志的世界前 100 大最具影响力的人物。——译注

2. 参阅 Niall Ferguson. The Square and the Tower: Networks and Power, from the Freemasons to Facebook. New York: Penguin Random House, 2018.

3. 值得注意的是，世界各国对虚拟货币的监管态度并不一致。我国为保护社会公众的财产权益，维护金融稳定，采取相对谨慎的监管态度。——编注

埃利的连接数量少于简和露西，但通过直接和间接联系，她们能够比其他任何人更快地访问网络中的所有节点。她们拥有许多通向其他所有人的最短路径，也就是说，她们与其他所有人都非常接近。

因此，我们可以说，比尔和肖恩在"程度中心性"上名列前茅，同时肖恩与其他人最接近，因此在"亲密中心性"（closeness centrality）列表中居首位。埃利在"居间中心性"（betweenness centrality）中排名第一，因此她可以调解和处理最多的信息（表 3.2）。

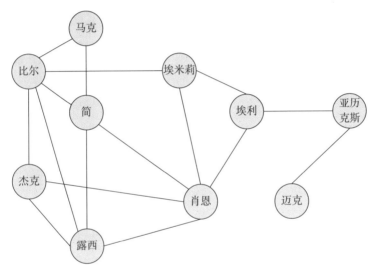

在上述社群网络中，不同的方法由于其强调的特征不同，产生的排名结果也不同。

图 3.2　由 10 个成员组成的社群网络

表 3.1　按三种不同的中心性指标所打的分

节点	马克	比尔	杰克	简	露西	肖恩	埃米莉	埃利	亚历克斯	迈克
程度比率	0.222	0.556	0.333	0.444	0.444	0.556	0.333	0.333	0.222	0.111
亲密比率	0.409	0.563	0.500	0.529	0.529	0.643	0.563	0.563	0.409	0.030
居间比率	0.000	0.129	0.006	0.072	0.013	0.274	0.106	0.311	0.178	0.000

表 3.2　按三种不同的中心性指标所得的排名

节点	程度比率	亲密比率	居间比率
马克	4	4	8
比尔	1	2	4
杰克	3	3	5
简	2	3	6
露西	2	3	7
肖恩	1	1	2
埃米莉	3	2	5
埃利	3	2	1
亚历克斯	4	4	3
迈克	5	5	8

　　这里有两个要点需要知晓。首先，等级组织可以很明显地告诉我们谁的地位最高，而网络组织则不能。其次，可以判断谁是网络社群的"领导者"，但是不同的标准会给出不同的结果。一个人可能就局部而言处于中心位置，但对远方成员的影响则可能较小。

学习小结：进化及其他

人际社会排名当然有其生物学根源。权力和声望是形成社会等级结构的关键机制。事实证明，等级组织对群体是有效的，因为它可以帮助个人避免不必要的争斗。权力是一种在进化上较老的策略，它基于强制。声望则是稍后发展起来的，其基础是群体普遍接受和赞同的技能和知识。原始的、严格的等级化社会组织逐渐地适应了大量的网络结构（从运输、贸易网络到电网，再到现代通信网络）。对这些网络的适应有助于加强民主社会。

社会排名通常是群体中每个人决定和选择的结果。在下一章中，我们将讨论理性选择的范围和局限性，以及个人的选择如何汇总成群体的意见。我们还将看到排名过程所得到的结果并不总是唯一的，并且我们将懂得如何理解排名游戏的结果。

选择，游戏，法律和网络

从个人选择到社会选择

"客观真实"这一概念是指独立于任何有意识或感知者而存在的事物。相比之下,"主观真实"则是指与所有依赖于某一意识或某个感知者有关的事物。客观性与诸如真实、真理和可靠性之类的概念联系在一起。客观地对世界上最高的建筑物进行排名,这是相对容易的,因为它是基于可以验证的事实,因此所得结果是每个人都会接受的。(嗯,我们在评估二手或三手信息源时必须做出一些判断。我自己从未测量过高楼的高度,但我打算承认在某个网站上找到的信息是可靠的,因为其他网页也给出了相同的结果。)以下就是这张表:

1. 阿拉伯联合酋长国哈利法塔(Burj Khalifa):2 717 英尺

2. 中国上海中心大厦(Shanghai Tower):2 073 英尺

3. 沙特阿拉伯麦加皇家钟楼(Makkah Royal Clock Tower):1 972 英尺

4. 中国平安国际金融中心(Ping An International Finance

Centre）：1 965 英尺

    5. 韩国乐天世界大厦（Lotte World Tower）：1 819 英尺

    6. 世界贸易中心一号楼（One World Trade Center）：1 776 英尺

    然而，根据历史影响力对个人进行排名是一项比较困难的任务。网站"排名者"（Ranker）[1] 列出了有史以来最有影响力的人：阿尔伯特·爱因斯坦，艾萨克·牛顿，莱昂纳多·达·芬奇，亚里士多德，等等。

    这份清单远不是客观的：为什么拿破仑、达尔文以及无数其他人榜上无名呢？高层建筑的排名表是客观的，因为它接近我们公认的"真相"。我们觉得努力建立客观的排名，相比建立主观的排名更有价值。一个人如果用主观的看法来发表意见，就只是从自己的角度去看待事物，这不可避免地带有各种偏差。当然，主观并不等同于随机。当你阅读上面这张最有影响力的名单时，你大概不会对其中任何一个人的名字感到诧异，尽管可能会认为名单中缺少了谁。但是，如果你在这张表上看到彼得·埃迪的名字，你大概就会认为该表是随机的，是非常主观的，或者极可能是受人操纵的。

    在很大程度上，哲学家已经放弃了"绝对客观性"这一吸引人的概念，但数学家仍在研究客观排名的科学。[2, 3] 然而，人无完人，没有任何人可以毫无偏差。

---

1. Ranker 是一家位于洛杉矶的数字媒体公司。该公司网站对娱乐、品牌、体育、美食和文化进行了民意调查，据称是最大的舆论数据库之一，有成千上万的各种排名清单。——译注

2. 参阅 Amy Langville and Carl Meyer. Who's #1？: The Science of Rating and Ranking. Princeton, NJ: Princeton University Press, 2012.

3. 参阅 Andrzej Wierzbicki. The problem of objective ranking: foundations, approaches and applications. Journal of Telecommunications and Information Technology, no. 3（March 2008）: pp. 15–23.

人们如何进行选择?

理性的迷思

我们愿意相信自己是理性的。所谓的新古典经济学理论,是基于这样的假设:人类有着固定的偏好,而且这些偏好是可传递的。当我们说"固定偏好"时,是指如果比起芝士蛋糕来说,你在星期一更喜欢酸橙派,那么你在星期二也是这样。(本书并非一本关于健康甜点的书。)传递性的意思是,比如说,如果你在一家高级餐厅用餐时要确定最后一道甜点,倘若你喜欢酸橙派胜过芝士蛋糕,喜欢芝士蛋糕胜过巧克力慕斯,那么你也喜欢酸橙派胜过巧克力慕斯。如此一来,选择甜点是一种理性的活动,但仅在有限的意义上是如此。我们不会因为其他人选择巧克力慕斯而不是酸橙派,就说他们是非理性的。

各种新古典经济学理论就是基于这样一个概念,即我们是理性的。其含义是在决策过程中,人们关注的是最大化其预期收益(例如,享乐或利润),这可以用效用函数(utility function)[1]来表示。如果我们想进行定量分析,比如说要最大化甜点选择的效用函数,我们应该能够为购买酸橙派、芝士蛋糕或巧克力慕斯的欲望各分配一个数值。社会科学中理性选

---

1. 效用(Utility),是微观经济学中最常用的概念之一。一般而言,效用是指消费者对各种商品和服务的消费或投资的相对满意度的计量。假设一个人面临一组可供选择的方案,并且这些方案对这个人来说有某种优先顺序。如果可以为每个可供选择的方案分配一个实数,而且当且仅当该人对方案 a 的喜好程度高于方案 b 时,那么分配给方案 a 的实数就要大于分配给方案 b 的实数。这里的数就表征了该人对方案的喜好程度,并被称为效用函数。——译注

择理论[1]的发展，使得以形式化的方式表示和解决选择问题成为可能，并且由此成为决策理论、博弈论和微观经济学中众多研究成果的基础。

　　理性选择理论基于一些简单到近乎荒谬的假设，即：越多总是越好，人们可以掌握完整的信息，人们可以理性地使用这些信息。另外，理性选择理论假设人们不受诸如恐惧或嫉妒之类的情绪影响。因此，该模型或多或少地假设人们是没有情感的机器人，因而他们不会犯计算错误。在其一本著名的论文集中（截至 2018 年 6 月 7 日，谷歌学术搜索统计的引用次数达到 6 325），著名经济学家米尔顿·弗里德曼（Milton Friedman）[2]指出，即使基于这些过分简化的假设，也有可能为经济学家提供有用的预测工具。那么在一个经济人（Homo economicus）[3]社会中，人们是如何做出社会决策的呢？在尝试给出答案之前，我们应该弄清两种理论之间的区别：描述性理论和规范性理论。第一种理论尝试回答"世界如何运转"的问题，而第二种理论则对"世界应该如何运转"的问题感兴趣。数学和道德哲学都对第二个问题做出了回应，而我相信最好的回应是把两者结合起来。在一个由理性人组成的理想社会中，所谓的帕累托最优状态（Pareto optimality state）[4]对应于一种资源分配状态，此时没有任何一个人可以在不使他人境况变坏的同时使自己的情况变得更好。福利经济学（Welfare economics）是经济学的子学科，旨在确定某种状态，由此能为社会成员创造出最高的总体社会满意度。从技术上讲，这个任务就是对所有可供选择的社会方案进行完备的、可传递的

---

1. 参阅 Kenneth Arrow. Social Choice and Individual Values. Hoboken, NJ: Wiley, 1951.

2. 参阅 Milton Friedman. Essays in Positive Economics. Chicago: University of Chicago Press, 1953.

3. 经济人（Economic man，拉丁语：Homo oeconomicus），又称作"经济人假设"，即假定人的思考和行为都是目标理性的，唯一试图获得的经济好处就是物质性补偿的最大化。这常用作经济学和某些心理学分析的基本假设。——译注

4. 这一概念是以其提出者意大利工程师和经济学家帕累托（Vilfredo Pareto）的姓命名的。——译注

排名。

　　跟其他排名和评分问题的情形一样，这里存在许多种可能性。首先，经济学家所谓的序数效用函数（ordinal utility function），允许个人将所有可能的"状态"在一个有序列表中进行排序。序数效用函数的输出表明，比起可能的状态 Y 来说，个人更喜欢可能的状态 X。但是，这种函数并不涉及偏好的强度。其次，基数效用函数（cardinal utility function）对每个状态都分配一个数字来表征其吸引力，因此它可以表征相对于状态 Y，个人偏爱状态 X 的程度。这里有一个反复出现的问题：我们如何给性质分配一个数值？从非常非常简化的意义上讲，世界不过是许许多多可以购买的商品，因此，为商品的效用分配一个与性质有关的数值的方法之一，就是询问人们愿意为该商品支付多少钱。如果你准备为丰田佳美混合动力车支付 27 000 美元，那就可以说，这个商品值 27 000 utils（效用的抽象单位）。但这是非常简化的一种图景。

　　我们面临的下一个问题则涉及对个人偏好的汇总：我们如何从个人效用函数中，构建出社会福利函数（social welfare function，SWF）？　一种方法是将 SWF 定义为所有个人效用的总和。在这种情况下，要想最大化 SWF，就意味着要最大化每个人的收入。但是，该算法完全忽略了收入的分布情况。在这种定义之下，某种非常偏斜的分布，也就是一小群人（例如最富有的 1%）拥有大部分财富，有可能使 SWF 最大化。另一种选项则是根据个人效用的平均值来定义 SWF。

　　20 世纪政治和道德哲学家中的领军人物约翰·罗尔斯（John Rawls，1921—2002），将古典功利主义和平均功利主义视为正义的"主要对手"，并建议根据最贫困者的效用来定义 SWF。由此，最大化 SWF 意味着最大化社会中最贫困者的收入，而不用考虑其他人的收入情况。[1]

印度的传奇经济学家阿玛蒂亚·森（Amartya Sen）提出了一种削弱不平等经济的 SWF。[2] 在阿玛蒂亚·森的 SWF 公式中，既使用了收入指标，又使用了衡量经济不平等程度的基尼系数（G）。在完全平等的情况下（即每个人的收入水平完全相同），G 值为 0；在极端不平等的情况下（即一个人获得全部收入而其他人都没有收入），G 值为 1。阿玛蒂亚·森的 SWF 被定义为一个国家的人均收入乘以数字"1–G"。一个好的规范性理论可以应用于现实世界，在"排名游戏"一章中讨论如何对国家进行排名时，我们将回过头来再谈谈阿玛蒂亚·森的 SWF。

对理性人神话的反驳 I：有限理性

即使是最教条的经济学家，也不大可能真正相信"超理性的"、效用最大化的工具是表述人类行为的合理模型。因此，人们对理性选择理论提出了各种批评，一个更加现实的范式正在兴起。司马贺（Herbert Simon，1916—2001）的工作远非主流，但由于引入和传播了有限理性（bounded rationality）的概念，出乎意料地获得了 1978 年诺贝尔经济学奖。有限理性拒绝追求完美的解决方案，一个符合要求的、哪怕只是次优的解决方案有时已经足够好了。他把"满足"（satisfy）和"足够"（suffice）两个词组合成一个新词"知足"（satisficing），用以描述做出某种"足够好"（good enough）的决策过程。必须承认，我们的决策能力受到许多约束条件的限制，例如问题的复杂性、可用资源（最重要的是时间和金钱）、可用信息、我们的认知能力、我们的价值观、我们的感受造成的影响以及无数其他因素。正如我从小

---

1. 参阅 John Rawls. A Theory of Justice. Oxford：Oxford University Press，1972.

2. 参阅 Amartya Sen. Choice，Welfare，and Measurement. Cambridge，MA：Harvard University Press，1997.

在足球场上所学到的那样,"不存在比好位置更好的位置。"

有一个很好的数学问题,其正式名称是"最优停止问题"(optimal stopping problem),它有助于解释应该在何时停止约会,并选定一位长期伴侣。它是知足解的一个很好的例子。该问题类似于雇主试图从许多申请者中,遴选出合适的办公室经理的问题,因此也称为"秘书问题"。假设你有许多可能的伴侣,我不想给出具体数字,但是如果你的名字不是唐·乔万尼(Don Giovanni)[1]的话,该数字会远远少于1 003("在西班牙已经有一千零三个了")。与唐·乔万尼相反,我们假设你在任何时候都只有一个恋爱关系。

你应该确定他或她是否就是"那个人"。通常情况下,你不会再回头去跟你先前拒绝过的人约会。但你可能会犯两种类型的错误:

(1)你可能会过早地做了决定,而在之后怀疑,自己是否错过了生命中真正的白马王子或公主;

(2)你可能久拖不决,所有好的对象都已各有归宿。

因此,这里的大问题是:应该在什么时候停下来? 数学上给出的答案是一个神奇的数字:37%。[2]如果你约会并拒绝了一生中前37%的潜在伴侣,那么此时你找到那位合适的女士或先生的机会就最大。这一规则还有后一部分:选择下一个比你以前约会过的任何人都更好的人。是的,算法不能保证你不会错过一个绝佳的选择,因此,在过早停止和过迟停止之间你必须做出权衡。

---

1. 唐·乔万尼是莫扎特谱曲的二幕意大利语歌剧《唐·乔万尼》(又译《唐璜》)中的主角,它是根据西班牙作家蒂尔索·德·莫利纳(Tirso de Molina)虚构的登徒子唐璜(Don Juan)的传说改编而成的。唐璜是西班牙家喻户晓的传说人物,以英俊潇洒及风流著称,一生中周旋于无数贵族妇女之间。——译注

2. 参阅 Brian Christian and Tom Griffiths. Algorithms to Live By: The Computer Science of Human Decisions. New York: Harper Collins, 2016.

关于有限理性如何影响我们的浪漫关系，这一例子似乎有点家长里短，而一直担任得克萨斯大学奥斯汀分校治理系（Department of Government）国会研究 J. J. "杰克"皮克尔董事讲席教授（J. J. "Jake" Pickle Regent's Chair）的布莱恩·琼斯（Bryan Jones）提供了认识有限理性如何影响政治决策的洞见：

> 正如司马贺所指出的那样，政治人（Homo politicus）不是非理性的。尽管认知能力有限而且政治世界非常复杂，政治人看上去是有目的地采取行动，他采取与总体目标相关的策略。但是，上述局限性使得最大化是不可能实现的，并且最大化通常也是不合适的。
>
> 在司马贺看来，政治人是按照有限理性的模型运作的，也就是说，在环境和认知受限的现实下去选择与目标相关的手段。

对理性人神话的反驳 II：从理性选择到行为经济学

行为经济学在过去 20 年中发展迅速，并且已经对理性选择理论提出了挑战，后者是很大一部分经济理论的基础。这种发展的动力来自人们的如下认识，即认为假设中的心理学合理性越强，就越发能诞生出解释问题的理论。通过实证观察与实验研究相结合，研究人员丹尼尔·卡尼曼（Daniel Kahneman）[1] 和阿摩司·特沃斯基（Amos Tversky）[2] 发现了可以系统地反映我们思想的认知偏差现象。如果用一句时髦的话来说，认知偏差使我们"可

---

1. 丹尼尔·卡尼曼（Daniel Kahneman，1934— ），以色列裔美国心理学家。由于在展望理论方面的贡献，获得 2002 年诺贝尔经济学奖。于 2011 年出版了心理学畅销书——《快思慢想》。——译注

2. 阿摩司·纳坦·特沃斯基（Amos Nathan Tversky，1937—1996），以色列著名认知心理学者、数学心理学者，是认知科学的先驱人物。他与丹尼尔·卡尼曼长期合作，发展出展望理论，研究人类的认知偏见，以及如何处理风险。——译注

预测地非理性"。即使我们尽力而为，它也常常使我们无法做出理性的决定。但是，什么是理性的行为呢？是指那些有利于我们狭隘的经济利益的行为吗？对"理性"的这个定义，有一个反例是最后通牒博弈（ultimatum game）。

在最后通牒博弈中，有两个参与者（提议者和响应者）必须就如何分配一定数量的钱财达成一致。提议者提出分配方案。响应者有两种可能性：接受或拒绝。如果响应者接受，就成交；如果拒绝，那么两者都得不到一分钱。理性将要求响应者接受任何正面的提议，即使给他的只有一点点。由此在大多数情况下，提议者将获得全部款项的绝大部分。但是，跨文化的研究表明，响应者倾向于拒绝接受低于总额 30% 的方案。尽管如此，如果我们考虑到拒绝提议惩罚了小气的提议者，并由此响应者在心理上出了口气，我们可以说预期效用这一概念依然有效。[1, 2, 3]

认知偏差的来源

根据观察和实验，我们可以给出导致偏离经济人假设行为的许多因素：

人们把如下现象称为可得性偏差（availability bias）：当我们因为某个事件是最近发生的，或者虽在过去发生却产生过重大的情绪影响，因此而高估类似事件发生的可能性。我记得有一次和家人一起在杜布罗夫尼克

---

1. 参阅 Daniel Kahneman and Amos Tversky. Prospect theory: an analysis of decision under risk. Econometrica 47, no. 2（March 1979）: pp. 263–292.

2. 参阅 Dan Ariely. Predictably Irrational: The Hidden Forces That Shape Our Decisions. New York: HarperCollins, 2008.

3. 参阅 Klaus Mathis and Ariel David Steffen. "From rational choice to behavioural economics: theoretical foundations, empirical findings and legal implications." in European Perspectives on Behavioural Law and Economics, edited by Klaus Mathis. Berlin: Springer, 2016.

（Dubrovnik）[1] 度假时，当时我的儿子 14 岁，他是个出色的游泳运动员，他高估了鲨鱼袭击的可能性而拒绝在亚得里亚海沐浴，因为就在几天前他刚看过一部鲨鱼电影。我已经记不起是什么电影了，当我后来试图在网上找到它时，出现了下面这句话："13 部让你永远避开水域的鲨鱼电影。"如果你打算和家人在海边度假的话，你可能不想打开这些电影的网络链接。

　　后见之明偏差（hindsight bias）是一种心理上的错误，它是指我们错误地相信我们早就预测到了结果。"视力是 20/20"（hindsight is 20/20）这句话表示"事后看得非常清楚"。20/20 是一个用来表示正常视力的术语[2]，这意味着，你可以自在地阅读报纸上的股票报价或电话簿中的号码。（你上次查电话簿是什么时候？）我们经常会声称"我早就料到了！"1989 年 11 月 9 日柏林墙的倒塌，以及德国的和平统一就是事先无法预料的。我喜欢亨利·柏格森（Henri Bergson）[3] 的说法"回顾性宿命论纯属幻想"（the illusions of retrospective determinism）以及类似的有关后见之明的说法。尽管无法预测，但许多人都声称他们早就预见到了柏林隔离墙的倒塌。后见之明的另一个例子，是我们与英国脱欧的关联。没有人预知 2016 年公投的结果，甚至发起该公投的戴维·卡梅伦都没能预见到。人们参加公投的前一天是历史上最繁忙的政治博彩日，大多数博彩公司[4] 押注英国继续留在欧盟。

　　然而，博彩公司所使用的数据是有争议的：他们收到的钱款中有 69% 押注"留在欧盟"，但是，所有押注的人也有 69% 押注在"脱离欧盟"上。即使

---

1. 克罗地亚南部港口城市，与意大利半岛隔海相望，以风景优美闻名，是热门的度假胜地，有"亚得里亚海之珠"的美称。——译注

2. 西方人的视力表与我国常用的视力表的形式有所不同。——编注

3. 亨利·柏格森（Henri Bergson，1859—1941），法国哲学家，文笔优美，思想富于吸引力。获得 1927 年度诺贝尔文学奖。——译注

4. 目前，我国只有中国体育彩票和中国福利彩票两类，均经国务院批准并授权，属于国家公益彩票。除此之外的"网上博彩""网上赌球"都是违法行为。——编注

大多数参加公投的人确实选择了增加不确定性，我确信他们当时并没有考虑到这样一个决定的长期影响。以下是全民公投将近两年后的一些新闻头条（当时，2018 年 6 月 14 日）："英国大臣暗示，英国脱欧后可能禁止进口鹅肝酱"；"在英国退出之后，欧盟伽利略卫星项目遭受安全威胁"；"银行家问梅，在英国脱欧后他们为什么还要留在伦敦"。尽管英国脱欧并非不可避免，但它确实发生了。后见之明偏差可以帮助人们接受他们的决定，即使这种决定有违他们最大的经济利益。

我们在了解到某些事物的数值时，就会觉得这些值"刚刚好"。这被称为锚定效应（anchoring effect）[1]。在中央计划经济中，价格是由国家决定的。曾经在几十年中，一千克面包的价格一直是 3.60 福林（匈牙利货币），因为保持面包价格不变是一项政治决定。我这个年龄段的每个人都记得它就是面包的正常价格。另外，我从小就知道，杰西·欧文斯（Jesse Owens）[2] 的跳远世界纪录是 813 厘米，这一记录保持了 25 年。在我的脑海中，直到鲍勃·比蒙（Bob Beamon）[3] 在 1968 年墨西哥城奥运会的跳远比赛中取得了另一项令人难以相信的世界纪录，即 890 厘米之后，原有的印象才慢慢被改变。

确认偏差的发生是因为，我们的脑倾向于喜欢符合我们先入之见的事物。随着年龄的增长，我们形成了一个缓慢地演变的信念体系。用专业的

---

1. 锚定效应（anchoring effect，或 focalism），心理学名词，是认知偏见的一种。人类在进行决策时，会过度偏重先前获取的信息（这称为锚点）。在进行决策时，人类倾向于利用此片断信息（锚点），快速做出决定。但是人类容易过度利用锚点，当锚点与实际有很大出入时，就会做出错误判断。——译注

2. 杰西·欧文斯（Jesse Owens, 1913—1980），非洲裔美国田径运动员和民权运动领袖。现代奥林匹克史上最伟大的运动员之一。他参加了在德国举办的 1936 年夏季奥林匹克运动会，取得了令人瞩目的 4 枚奥运金牌。——译注

3. 鲍勃·比蒙（Bob Beamon, 1946—）是美国田径运动员，在 1968 年墨西哥奥运会上以 8.90 米打破跳远世界纪录，此纪录保持了 23 年之后才被运动员迈克·鲍威尔（Mike Powell）打破。——译注

话来说，我们拥有一个关于外部世界的内心模型。我们的头脑倾向于以保持整体连贯性的方式，将新的传入信息纳入我们的内心模型之中。弗朗西斯·培根（Francis Bacon）[1] 在几个世纪前就说过：

> 人们一旦采纳了一种观点，就会尽量采用这种观点来看待所有其他事物。尽管存在着大量明显的反例，但是人们对这些反例要么视而不见，要么将其贬低，或者由于存在某些不同之处而不予承认，其目的就是用这种巨大而有害的成见使先前结论的权威性不至于受到挑战。[2]

中欧知识分子喜欢（颇具讽刺意味地）援引德国唯心主义哲学家约翰·戈特利布·菲希特（Johann Gottlieb Fichte，1762—1814）说过的话（或是他可能会说的话）："如果理论不符合事实，那么这些事实就更成问题了。""假新闻"（fake news）一词在 2017 年变得非常流行。这一点是很不幸的，"我们"（不仅是"他们"）都可能成为假新闻的受害者，应该认识到这一点，这总比意识不到这一点要好。

我又要谈谈社会神经科学这一神奇新领域中的一些成果，它已经开始揭示产生确认偏差的特定神经机制。[3] 如果我们遇到一个不符合我们现有观点的陈述，就会产生明显的冲突。政治信仰是我们社会身份的重要组成部

---

1. 弗朗西斯·培根（Francis Bacon，1561—1626），著名英国哲学家、政治家、科学家、法学家、演说家和散文作家，是古典经验论的始祖。——译注

2. 参阅 Sir Francis Bacon. Novum Organum, ed. Joseph Devey. New York：P. F. Collier，1902.

3. 参阅 Jonas T. Kaplan, Sarah I. Gimbel, and Sam Harris. Neural correlates of maintaining one's political beliefs in the face of counterevidence. Scientific Reports, Volume 6, no. 39589（December 2016）.

分，行为数据表明：与互相冲突的政治言论相比，我们在应对非政治言论方面的冲突时，能够更为灵活地接受和修正自己的信念。

脑成像研究表明，那些政治信念最不为反面证据所动的人，其杏仁核和脑岛皮层更为活跃，它们正是参与恐惧和情绪反应的脑区。枪支管制和堕胎在美国政治辩论中特别重要，人们的立场似乎也特别坚定。如果我们感受到威胁、焦虑或者是更基础性的情感攻击，我们真的是不大愿意改变自己的立场。对于我们理性的认知系统和情绪系统，承认它们之间的相互作用非常重要。我们确实不太容易接受新事物。在这些研究结果中，我也看到了一线希望：也许，我们并不容易受人操纵。

·每年冬天，我都会开设一门名为"复杂系统引论"的课程。该课程中会安排学生参加一个小组项目，由学生对某些生物学或社会问题进行计算机仿真。每个小组通常有四名学生，他们一起工作大约七个星期。在学期结束后，有时我会要求他们以百分比的形式，匿名报告他们每个人对小组工作的贡献情况，并说明 100% 是指达到了最初预计的理想状态。你不会感到惊讶的是，统计后的百分比数据都介于 130% 和 170% 之间，大大高于100%。请注意，他们都知道不会因为报告这一数字而让自己加分。这是人们高估自己对团体事业的贡献的一个例子。这不由得让人想起加里森·基洛（Garrison Keillor）[1] 在长篇广播节目《大草原家庭伴侣》（*A Prairie Home Companion*）每一集的结束语："好吧，这是来自沃比贡湖（Lake Wobegon）的消息，那里所有的女性都很强壮，所有的男人都很帅气，所有的孩子都非同一般。"

对于跟自我中心偏差（egocentric bias）有关的一厢情愿，我并不会责备

---

1. 加里森·基洛（Garrison Keillor, 1942—）是美国作家、脱口秀艺术家和电台主持人。他最著名的节目是明尼苏达州公共广播电台（MPR）的《大草原家庭伴侣》，他在 1974 年至 2016 年期间主持了该档节目。——译注

它，因为这其实是一种自卫机制。即使当前的离婚率接近 50%，人们也不会认为自己的婚姻以离婚结束的可能性是 50%。我们对自己无法完全控制的事件总是一厢情愿。相信我们遭受负面事件（例如得癌症、离婚或发生车祸）的可能性极低，这也许是一种生存策略。

损失厌恶偏差（loss aversion bias）是认为损失带来的痛苦总是大于大致相当的收益所带来的快乐。丹尼尔·卡尼曼（Daniel Kahneman）和阿摩司·特沃斯基（Amos Tversky）提出的、如今广为人知的"前景理论"（prospect theory）指出：人们对损失的担心，往往是他们对大致相当的收益的企盼的两倍。当你读到"两倍"时，也许会有所疑虑。这只是一个近似的数字：损失 50 美元的懊丧程度，大约相当于获得 100 美元的幸福感。也许你会问，我们是如何衡量悲伤的呢？

尽管厌恶损失是与生俱来的，但我们应该知道，它会影响我们的决定。下面是一个著名的例子 [1]。

想象一位仅有六个月可活的癌症患者。一位医生对她说："我们有一种新的疗法！我们需要立即采用它。如果见效的话，就可以治愈。但是，在治疗期间你有 10% 的可能性会死亡。"然后，在该国的另一个地方，也有一位预计生存期相同的癌症患者，其主治医生在出诊时对他说："我们有一种新疗法！我们需要立即采用它。如果见效的话，就可以治愈，而且你有 90% 的机会可以度过治疗期！"

第二位癌症患者接受治疗的可能性，要比第一位患者高得多。

---

1. 参阅 Hilaire Gomer. Loss aversion bias in economics and decision making. Capital, September 6, 2017.

然而，这两种陈述其实是等价的。死亡率都是10%，而生存率都是90%，但是第一种说法激起了我们对损失的恐惧，而另一种则不然。没有比我们的生命更高的赌注了，不是吗？

这一点非常重要，因为这意味着我们需要考虑与他人交流的方式。当我们想要采取行动时，我们是否过多地专注于可能的损失，而不是可能的收益？

这是所谓的框架效应（framing effect）[1] 的一个例子。人们倾向于接受从正面角度提供的选项，而拒绝从负面角度提供的选项。

选择是幸福和痛苦的源头

2004年，巴里·施瓦茨（Barry Schwartz）[2] 撰写了一本很有影响力的书《选择的悖论：为什么更多就是更少》（*The Paradox of Choice: Why More Is Less*）。这本书受到司马贺"有限理性"概念的启发，并描述了"完美主义者"（maximizers）（总是寻求最佳选择的人）与"知足者"（satisficers）（那些认为"足够好"就已经很好的人）之间的冲突。虽然纯粹从逻辑上来说，拥有更多选择可能会使我们更快乐，但事实并非总是如此。我们究竟需要多少种牙膏、保险单、大学、长期伴侣、麦片、退休计划、手机、度假计划或

---

1. 在心理学中，框架效应（framing effect）是一种认知偏见，最早在1981年由阿摩司·特沃斯基与丹尼尔·卡尼曼提出。框架效应的意义是，面对同一个问题，在使用不同的描述后，人们会选择乍听之下较有利或顺耳的描述作为方案。这里的译名采取了维基百科所用的译名，但要指出的是，虽然在绝大多数场合下frame都是"框架"的意思，但是在作动词用时也有formulate in a particular style or language的意思，而这里正是这个意思，因此确切地说这里的framing是"提出方式"的意思，因此如果译成"方式效应"也许更确切一些。——译注

2. 巴里·施瓦茨（Barry Schwartz, 1946— ）是美国心理学家，斯沃斯莫尔学院（Swarthmore, Pennsylvania）的社会理论和社会行动学教授。——译注

电视频道以供选择呢？我们对太多事物、事件或其他对象的比较性评估都存在认知极限。其结果是，完美主义者可能总会觉得自己选择了次优的选项。他们可能会责怪自己做出的决策不够好，而这种感觉又可能会使他们感到不开心，甚至沮丧。不可避免地，社交媒体使我们对一切都有了过多的选择余地，其后果是，社交媒体极大地加强了一种无时不在的感觉，也就是所谓的"担心错过"（fear of missing out），或者众所周知的"错失恐惧症"（FOMO[1]）。最近的社会心理学研究提供了主要与青少年和大学生有关的很多数据，即使只看以下单篇论文的标题也很有启发性：《"我什么都不想错过"：青少年的担心错过，及其与青少年的社交需求、脸书使用以及有关脸书的精神压力之间的关系》[2, 3]我们是否能够教育下一代，以提高他们的内心自主（internal autonomy）程度，并且可以在他们所面临的似乎无限的选择中做出抉择，这还有待观察。

但是，有一些方法可以避免过度的选择冲击：

- 自觉限制你的选择。买衣服时，在商场内可能只逛两家商店就够了。
- 当遇到"足够好"时，学会停下来。
- 不要为你到底错过了什么而烦恼。
- 不要期望太高，这样你也就不会失望。

---

1. fear of missing out（担心错过）四个英文词的首字母。——译注

2. 参阅 Ine Beyens, Eline Frison, and Steven Eggermont. "I don't want to miss a thing": adolescents' fear of missing out and its relationship to adolescents' social needs, Facebook use, and Facebook-related stress. Computers in Human Behavior, 64, no. 11（November 2016）: pp. 1–8.

3. 参阅 Marina Milyavskaya, Mark Saffran, Nora Hope, and Richard Koestner. Fear of missing out: prevalence, dynamics, and consequences of experiencing FOMO. Motivation and Emotion, 42, no. 5（October 2018）: pp. 725–737.

嫁给"足够好"先生！

对于认为有长期伴侣关系的人要比独身者更幸福的假设，我们需要更多的数据来证明（在这个数据泛滥的时代，除了信任收集和处理数据的力量之外，我们别无他法；但是，我似乎已经听到批评这种说法的声音了）。

无论如何，洛里·戈特利布（Lori Gottlieb）[1]在她煽情的畅销书《足够好先生：关于选择一个真实的男人而非等待完美先生》（*Mr. Good Enough: The Case for Choosing a Real Man Over Holding Out for Mr. Perfect*）中辩称，嫁给一个令人满意的人相比一直地等待一位白马王子（Mr. Right）更好。她认为，对梦中情人的品质抱有过高的期望并不是一个好主意。从兴趣爱好到眼睛颜色，制订一份包含几十种你可能要寻找的特征的清单，这并不困难。使事情变得更困难的是，即使你有了一份清单，其中每一项的重要性并不相同。幽默感与财务稳定，这两者中你更看重哪一个？（我选择前者，但这是另一回事了。）

完美主义者有一份固定的清单，而且他们大概能够对梦中情人的各个品质都给予一个特定的权重。他们也能够对现实世界中的候选人进行评分。把两个对象（或性质）的特征进行比较，由此判断它们是否彼此"足够接近"。用某种更具技术性的术语来说，问题就在于偏差是否小于或大于某个预定阈值。如果差距小于阈值，那么现实世界中的候选人就"足够好"。戈特利布给出的建议是，在一定年龄时，放宽阈值是值得的，这样就可以有人通得过，从而你可以嫁给"足够好"先生。在讨论约会算法时，我将回过头来再谈谈"足够好"先生。

---

1. 洛里·戈特利布（Lori Gottlieb）是美国作家和心理治疗师，在《大西洋》（*The Atlantic*）杂志上撰写每周一期的"亲爱的治疗师"（Dear Therapist）建议专栏。——译注

从人类容易犯错到被推动（being nudged）

阿摩司·特沃斯基（Amos Tversky）、丹尼尔·卡尼曼（Daniel Kahneman）和理查德·塞勒（Richard Thaler）[1]不仅革新了行为经济学理论，而且还都撰写了畅销书。他们写作的一个主要理念是，从进化上看，我们人类天生容易犯判断错误（包括排名）。即使决策符合我们自己的最大利益（例如，选择更健康食品的决定；就我而言，就是少吃一点匈牙利和西班牙香肠），我们也需要有某种推动（nudge）。"推动"[2]是一种旨在正面影响选择的心理机制，通常有助于将我们的注意力集中在问题的特定方面。但是，我属于下面这种人，即认为推动是价值中立的，实际上推动也可以用来操纵人们为负面目标服务。[3]

我们是否应该接受政客们正在使用"推动"技巧这一事实？现在，许多政府都拥有一支行为科学家团队，旨在通过对公民进行"推动"，来提高其制定政策的效率。说得更准确一点，他们采用间接的机制来改变行为选择，而不是实行直接的法律和法规。过去几年中，这方面的一些例子包括在法国和英国提升器官捐献者数量，在英国防止错过昂贵的医生预约，以及美国政府提高选举中的选民投票率。

因此，行为经济学家的方法改进了理性选择模型。认识到我们自己的谬误，确实可以帮助我们做出更好的选择。

---

1. 理查德·H. 塞勒（Richard H. Thaler，1945— ），美国经济学家、芝加哥大学布思商业学院拉尔夫和多萝西凯勒杰出服务教授。他是行为金融学的最知名的理论家之一。他因为在行为经济学领域的卓越贡献，荣获 2017 年诺贝尔经济学奖。——译注

2. 参阅 Richard Thaler and Cass Sunstein. Nudge: Improving Decisions About Health, Wealth, and Happiness. New Haven, CT: Yale University Press, 2008.

3. 参阅 Pelle Hansen and Andreas Jespersen. Nudge and the manipulation of choice: a framework for the responsible use of the nudge approach to behaviour change in public policy. European Journal of Risk Regulation, 4, no. 1（January 2013）: pp. 3–28.

社会选择

在现实世界中,我们如何把个人的意见、偏好或投票汇总起来形成集体决策? 众所周知,在古希腊,男性公民通过投票选举他们的领导人,雅典经常被誉为最早的民主国家。投票本身采用举手表决的方式,官员根据目测估计哪个候选人得票最多,从而宣布获胜者。尽管欧洲中世纪政治体制中大多数都包含某些选举元素,但直到启蒙运动和理性主义兴起的时代,民主和各种社会选择手段才成为研究的主题。

尼古拉斯·德·卡里塔(Nicolas de Caritat, 1743—1794)[1],通常被称为马奎斯·德·孔多塞侯爵(Marquis de Condorcet),开创了一种称为成对多数投票(pairwise majority voting)的特殊投票制度,即使在当代的投票研究和投票制度中,它仍然很有影响力。孔多塞分析了陪审团的行为,并根据这些研究提出了他著名的陪审团定理(jury theorem)。与往常一样,当将数学模型用于社会现象时,我们应该仔细讨论这些模型所根据的假设。在这个例子中,其假设是陪审团的每个成员都有相等和独立的概率做出正确的结论,这一概率比随机要好(即大于50%),但比完美无误要差(小于100%)。陪审团定理认为,增加陪审团成员的数量,会提高整个陪审团做出正确决定的概率。重要的是,陪审团定理仅适用于确实存在某个正确决策的情况。例如,当陪审团成员决定被告是否有罪时,它就起作用。因此,在某些条件下,多数规则确实适合于"追踪真相"。当然,在现实生活中,投票者的观点并非

---

1. 马利·让·安托万·尼古拉斯·德·卡里塔(Marie Jean Antoine Nicolas de Caritat, 1743—1794),即孔多塞侯爵,是18世纪法国启蒙运动时期最杰出的代表之一,同时也是一位数学家和哲学家。1782年当选法兰西科学院院士。——译注

彼此独立。此外，该定理不能用于不存在"客观真相"而只有个人偏好的情况。这就是我们必须在政治候选人中进行选择时遇到的情况。

孔多塞的第二项贡献被称为孔多塞悖论（Condorcet's paradox）。孔多塞意识到，即使个人偏好是"理性的"（即，具有传递性），最终的集体决策也可能是"非理性的"（即，不具有传递性）。为了说明这一点，假设我们有三个投票者（I，II 和 III）和三个候选人（A，B 和 C）。投票者的个人偏好是：

投票者 I：A＞B＞C

投票者 II：B＞C＞A

投票者 III：C＞A＞B

根据这些偏好做出成对比较之后，我们将获得以下结果：

A 对 B：2–1

B 对 C：2–1

C 与 A：2–1

因此，如果按照多数人的偏好来进行排名的话，其结果就是 A＞B＞C＞A＞B＞C＞A＞……[1]，这被称为孔多塞循环（Condorcet cycle）。从在投票中的实际作用以及在数学中的理论作用这两个角度，许多人都对孔多塞悖论进

---

1. 这是因为无论选举结果是什么，总有两个选民（在这里也就是多数选民）认为还有比选举结果更好的候选人。例如，若 A 当选，则选民 II 和 III 都认为 C 比 A 要好。其他情况也类似。——译注

行了研究[1]。

当讲到实际应用方面，选举制度是集体决策的重要手段，其实质可以归结为对政治候选人的排名。有时只有唯一的获胜者才是重要的（例如在总统或总理的选举中），但是在其他情况下，出现在排名列表上高于阈值的每个人都被视为"获胜者"（例如在某些议会议员或董事局董事的选举中）。尚无人能够确定最佳的单一选举制度，传奇的经济学家肯尼斯·阿罗（Kenneth Arrow，1921—2017）[2]在1950年发表了他著名的不可能定理（impossibility theorem，为此他在1972年获得了诺贝尔奖）[3]。该定理说明，当选民对候选人进行排名时，可能会发生一些错误。阿罗的研究以及随后数十位经济学家和数学家的工作，引起了关于投票制度的辩论和比较数学分析。投票似乎相当简单，我们去投票站，选择我们中意的候选人，之后获得最多选票的人就会获胜。这就是被称为"简单多数制"（first past the post）的投票制度，但它只是许多可能的投票制度之一。

正如阿罗不可能定理所揭示的，我们对投票制度的选择会对选举结果产生重大影响。阿罗不可能定理要求，当我们汇总选民的个人喜好时，我们需要满足一定的公平标准，而该定理表明，这些标准根本不可能在每种情况下都得到满足。首先，不应有任何独裁者，此人始终对选举结果拥有决定性的投票权。其次，如果所有人都喜欢某个特定的候选人，那么投票的最终结果应该反映出这种偏好，这意味着，如果所有选民都更喜欢候选人 A 而不

---

1. 参阅 William Gehrlein. Condorcet's Paradox. Berlin: Springer, 2006.

2. 肯尼斯·约瑟夫·阿罗（Kenneth Joseph Arrow，1921—2017），美国经济学家，1972年诺贝尔经济学奖得主。——译注

3. 阿罗不可能定理（Arrow's impossibility theorem），又称为阿罗悖论（Arrow paradox），是指："若排除人际效用的可比性，而且在一个相当广的范围内对任何个人偏好的排序集合都有定义，则把个人偏好总合为社会偏好的最理想的方法，要么是强加的，要么是独裁的。"不可能存在一种社会选择机制，使个人偏好通过多数票规则转换为社会偏好。——译注

是候选人 B，那么汇总结果应该偏向候选人 A，而非候选人 B。第三，结果应该产生一个单一的排名，不应有平局。最后，选民在选择候选人时，应该成对地考虑，而且在考虑每一对候选人时均要忽略其他独立候选人。[1] 孔多塞悖论中的选举结果，违反了阿罗不可能定理所列举的公平准则，具体地说是普适性准则，它要求选举产生的候选人排序是明确的。阿罗不可能定理并不是说，投票制度的每个结果总是违反公平性准则，但它确实表明，对任何可能的投票制度来说，其投票结果都有可能违反至少一项公平准则。该定理的意义取决于它的应用场合，正如《加杂志》（ + *Plus Magazine* ）[2] 的玛丽安娜·弗赖伯格（ Marianne Freiberger ）指出的那样，选举结果是否有意义，取决于违反某个公平准则的可能性有多大，而其中某些准则（例如不存在独裁者）可能比其他准则更为重要。[3] 无论如何，阿罗不可能定理表明，要想构建一种完美无缺的投票制度是不可能的。

　　根据汇总个人选择的方法的不同，选举系统也可以被不同的方式所操纵。例如，如果我们严格遵守阿罗不可能定理所要求的、对独立候选人的选择互不相干的准则，并构建一个在候选人之间进行一系列成对比较的投票系统，那么前期配对的选择可以对选举结果产生决定性影响。例如，根据约翰·巴罗（ John Barrow ）[4] 的说法，如果我们希望操纵一个采用一系列成对比较的选举，我们可以在较早的回合中让实力更强的候选人相互竞争，仅在最后一刻才让我们所偏爱的候选人参加进去，这样他就能够获胜。[5] 由此我们可以看到，我们为汇总个人选票的进程而选择的结构，对于某个选举的公平性

1. 参阅 Marianne Freiberger. Electoral impossibilities. +Plus Magazine，April 9，2010.

2.《加杂志》是剑桥大学"千年数学项目"下的在线大众数学杂志。——译注

3. 同 1。

4. 约翰·巴罗（ John Barrow ）是剑桥大学数学科学教授和科普作家。——译注

5. 参阅 John Barrow. Outer space：how to rig an election. +Plus Magazine，March 1，2008.

和最终结果具有决定性作用。

不论阿罗不可能定理对排名选择投票方法（ranked choice voting methods）[1]的可行性意味着什么，在美国的某些州已经执行了有别于标准的简单多数投票制度的替代方案。最近，尽管缅因州议会要求推迟实施排名选择投票，但该州仍通过公投赞成在2018年中期选举中实施这一投票方案。缅因州的方法是要求选民在选票上对候选人按优先顺序进行排名，如果没有候选人在第一轮计票中获得第一名的多数选票，就自动触发淘汰排序流程，在每一轮中都淘汰一名候选人，并根据选民的排名重新分配选票[2]，直到确定获胜者为止。[3]

阿罗不可能定理与现实世界的投票制度之间存在明显的脱节：尽管该定理告诉我们不可能构建公平的社会决策系统，但我们仍将继续在全球范围内实施投票制度。由于理论和实践之间存在这种矛盾，因此很多人向该定理提出了挑战。最值得注意的是，米哈乌·巴林斯基（Michal Balinski）[4]和里达·拉拉基（Rida Laraki）在他们2010年的著作[5]中提出了一种选举制度，探讨并克服了阿罗不可能定理的某些局限性。他们指出，阿罗的工作

---

1. 又称瞬间淘汰投票（Instant-runoff voting，IRV），是一种在有两名以上候选人的单席选举中使用的排序优先投票方法。在 IRV 选举中，选民可以按优先顺序对候选人进行排序，而不是只支持一名候选人。选票最初是按每位选民最喜欢的候选人计算的。如果根据第一选择的候选人获得超过一半以上的选票，那么该候选人获胜。如果没有，那么得票最少的候选人就被淘汰。挑出那些把落选的候选人作为第一选择的选民，然后将其票数加到下一个选择的总票数中。这个过程一直持续下去，直到一名候选人的得票数超过半数为止。——译注

2. 同 1.——译注

3. 参阅 Maine Department of the Secretary of State. Rules governing the administration of elections determined by ranked choice voting. accessed February 10, 2019.

4. 米哈乌·巴林斯基（Michał Balinski，1933—2019）是波兰裔美国应用数学家、经济学家、运筹学分析家和政治学家。2013 年获 INFORMS 颁发的约翰·冯·诺依曼理论奖。——译注

5. 参阅 Michel Balinski and Rida Laraki. Majority Judgment: Measuring, Ranking, and Electing. Cambridge, MA: MIT Press, 2010.

有几个关键的假设和遗漏：它假设选民会创建一张有序的偏好列表，它忽略了投票的战略方面，并且没有考虑到同伴对自己投票偏好的影响。他们认为，这些假设和遗漏在社会选择理论中创建了一种范式，"对现实假想了一种错误的模型，由此产生了一种前后不一致的理论"。[1]巴林斯基和拉拉基借鉴了已被公众广泛接受的对事物的评判标准，例如葡萄酒分类、潜水、花样滑冰比赛以及在课堂上给学生打分等，提出了一种汇总个人偏好的方法，他们称之为多数评判（majority judgment）。多数评判依靠一种计算过程来确定排名，而不是由投票者自己创建排名。他们提出了一种用于构造输入偏好和效用的通用语言，它考察每位候选人所得到的中位数评分，并将该中位数作为对比的指标，用以产生选举的评判结果。

多数评判是按如下方式进行的。假设对候选人的评分标度为 1 到 10，其中 10 分是最高评分，而 1 分是最差评分。我们假设有五个选民，并且有两名候选人的得分结果是［3、6、7、7、9］和［4、5、6、7、10］。每个候选人的多数分（majority grade）就是正好居中的那个分数——在上述情况下，我们的第一位候选人的多数分为 7，而第二位候选人的多数分为 6。对所有候选人都重复上述操作，再把这些候选人的多数分进行比较，就可以得出候选人的排名，具有最高多数分的候选人获胜。巴林斯基和拉拉基指出，这种汇总偏好的方法有一个关键优势：即候选人的多数分（称为 α）是多数选民认可的最高分，至少有 50% 的选民给该候选人打分 α 或更高。在此基础上，巴林斯基和拉拉基对他们的方法做了进一步的推广，针对各种平局决胜（tie-breaking）的情况提出了解决方案，并提出了确保该选举系统能以最小化的方式完成的方法。他们很清楚，该系统克服了阿罗不可能定理的局

---

1. 参阅 Michel Balinski and Rida Laraki. Majority Judgment: Measuring, Ranking, and Electing. Cambridge, MA: MIT Press, 2010.

限性，并为社会决策提出了一种现实的方法。

我们唯一可以确定的事实是丘吉尔的话（他的这一认识也是从前人那儿继承来的）："人们尝试过许多形式的政府，而且还将在这个充满罪恶和苦难的世界中一试再试。没有人会自夸民主是完美的或无所不能的。但确实有人说过，除了不时尝试的所有其他形式之外，民主是最糟糕的政府形式。"

石头、纸、剪刀[1]：游戏和法律

石头、纸、剪刀（rock，paper，scissors，RPS）的猜拳（和智力）游戏说明了，即使只有三个对象，要对它们按相对力量进行排名也会遇到困难。由于石头可以打坏剪刀，纸张可以把石头包起来，而剪刀又可以把纸剪碎，因此这里的排序不是传递的，而是循环的。这个游戏是在两个玩家之间进行的，其中一方有可能利用对手的非随机行为，从而赢得更多。这个游戏的不同版本可以追溯到古代中国的汉朝，在日本也使用了类似的手势（表示老虎、村长和村长的母亲：村长打败老虎，村长的母亲管住了村长，而老虎则伤害村长的母亲）。在印度尼西亚也有类似的游戏（用手势表示耳虫、人和大象：耳虫使大象发疯，人捻死耳虫，大象压死人）。

从技术上讲，RPS 是一种零和游戏（这意味着一个人的损失等于另一个人的收益）。一个自然而然的问题是，是否存在什么制胜策略？但这无法用一句话来回答。如果你是在和一个真正的随机算法对抗，那你无法通过任何一种策略获得优势。但是，人类玩家不会随机地选择策略。不同经验水

---

1. 一种游戏，在我国和韩国一般叫做"石头、剪刀、布"，而日本和欧美则叫做"石头、剪刀、纸"。——译注

平的人如何玩游戏会有一些差异，经验丰富的玩家可能会尝试识别对手所选择的模式，并利用这些观察结果来制订获胜策略。已经有一些被观察到的经验法则，例如"获胜者倾向于坚持相同的动作"或"失败者改变其策略，并选择另一个动作"，人们通常从 R 到 P 到 S 按次采取动作，因为石头是最有攻击性的模式，而纸的运用似乎表明策略的改变。还有一些其他心理学观察结果（例如，人们连续两次采取相同的动作，但很少连用三次），以及可以利用的许多类似的模式。

　　这个游戏为什么有趣？唯一的原因是，它违反了被称为传递性的数学特征。我们在本章前面已经介绍了可传递性的概念，在这里我们将进一步深入探讨。传递性的一个简单例子是，要是知道了 A>B 和 B>C，那就可以推出 A>C（此处的符号"＞"表示"大于"）。违反传递性会导致循环，对这种循环我们无法生成排名列表。由 RPS 推广得到的一种有五种对象的流行游戏是"石头、纸张、剪刀、蜥蜴、史波克（Spock）"[1]，因为"剪刀剪纸，纸包石头，石头打死蜥蜴，蜥蜴毒死史波克，史波克砸坏剪刀，剪刀剪去蜥蜴的头，蜥蜴吃纸，纸张证明史波克不存在，史波克融化石头，石头依然能砸坏剪刀"。以上是美国电视连续剧《生活大爆炸》（*The Big Bang Theory*）中的介绍。

---

1. 史波克（Spock），是电视剧《星际旅行》中的主角之一。他是一位外星人，在舰上担任科学官及大副。他与詹姆斯·T. 柯克舰长、"老骨头"伦纳德·麦科伊医生是原初电视剧的三个中心人物。石头、纸张、剪刀、蜥蜴、史波克（Rock-paper-scissors-lizard-Spock）是一种由石头、剪刀、纸张延伸出来的博弈论猜拳游戏，与石头、剪刀、纸张不同的是，"石头、纸张、剪刀、蜥蜴、史波克"在石头、剪刀、纸张的基础上增加了两种手势，分别为动物蜥蜴和星际旅行的主要人物史波克。石头、剪刀、纸张的手势和通俗猜拳游戏基本一致，蜥蜴的手势为一个蜥蜴面部的手势，而史波克的手势则为著名的瓦肯举手礼。这个新式的猜拳游戏减少了原石头、剪刀、纸游戏中和局的概率。——译注

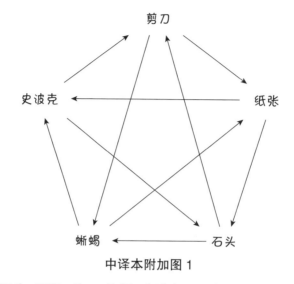

中译本附加图 1

石头、纸张、剪刀、蜥蜴、史波克之间输赢关系的图示

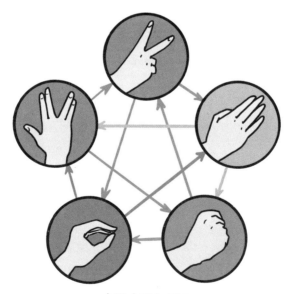

中译本附加图 2

一张展示石头、纸张、剪刀、蜥蜴、史波克手势的图片

（由上顺时针方向分别为：剪刀、纸张、石头、蜥蜴、史波克）

法律制度中的循环

导致循环支配（即无法生成排名的情况）的机制可能具有有益的功能。在维护生态系统中的生物多样性方面，它们发挥着至关重要的作用，例如在寄生虫—草—食草者系统和其他一些情况中。但是，让我们做一个简短的跳跃，从寄生虫转到讨论政客吧！众所周知，美国的开国元勋建立了制衡制度，因此没有一个分支机构比另一个分支机构更强大。整个政府系统使我多少想起了 RPS 游戏，但它显然更加复杂，因为行政、立法和司法部门之间的成对比较可能导致两个不同的结果（图 4.1）。由此传达出来的信息是，美国政府系统的设计故意违反了传递性，因为其设计目标是避免在这三个分支机构之间进行任何有序的排名。

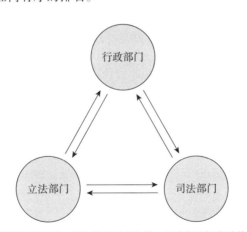

行政部门执行法律。立法部门制定法律。司法部门解释法律。

图 4.1　三个分支机构之间的关系图

我问过布莱恩·琼斯（Bryan Jones）（我在本章前面讨论"政治人"时提到过他），美国政府制度是否是故意按这种方式构建的，我觉得引用他的回答很有用：

> 从表面上看，美国政府的循环牵制是一种很好的办法，但是如果深入探讨的话，你就会发现问题。例如，关于对由国会通过并由总统签署的法规进行司法审查的问题，《宪法》中就一点也没有说到过。这个问题实际上是在马布里诉麦迪逊（Marbury v. Madison）一案（1803）[1] 中由法院宣布的，并且在以后的 50 多年中再也没有使用过这项权力。司法部门最初被设计为一个较弱的部门，宪法赋予的主要职能体现在联邦制中，也就是司法部门应该执行最高原则：若联邦法律与州法律相抵触，则联邦法律至高无上。但是，其中也可能暗含了对法规和总统令的解释权。无论如何，你可以说美国制度已经在朝非传递性结构的方向发展。但是，这种非传递性是有限的。另一方面，对于普通读者来说，"非传递性"可以是一种很好的解释性工具。

虽然我不是在美国长大的，但我知道马布里诉麦迪逊案（1803）增强了最高法院的权力，总的来说，这是一件好事。虽然传递性是达到前后一致性的

---

1. 马布里诉麦迪逊（Marbury v. Madison, 1803）是美国最高法院于 1803 年判决的一个案例。庄园主马布里由于上届政府的疏忽，而未收到"太平绅士"的委任状，而继任政府的国务卿麦迪逊拒绝承认委任的合法性及将委任状下发。根据 1789 年美国国会通过的《司法法》第 13 条，最高法院对此具有初审管辖权，于是马布里直接向当时并无实权的最高法院提起诉讼，要求得到自己的委任状。在由首席大法官约翰·马歇尔主笔的判决意见中，裁定马布里应该获得委任状，但同时首次运用司法审查权，判定 1789 年美国国会通过的《司法法》因为违宪而无效，理由是根据美国宪法第三条第二款第二项，最高法院对此案并不具有初审管辖权，而仅具有上诉管辖权，故将案件撤销。虽然马布里未得到委任状，但美国最高法院得以在避免与行政权正面冲突的基础上，树立了对宪法的解释权，即司法审查权。由此开始，司法权成为制衡行政权和立法权的第三种权力，确立了美国三权分立的宪政体制。——译注

基本要求，但是法律体系，特别是由不同机构组成的法律体系，可能会遇到非传递性的循环。

发了大财的（fortune-making）排名算法

网络排名

谷歌是谷歌是谷歌是谷歌（Google is Google is Google is Google.）。[1]该公司在社会上所取得的成功，体现在它已经被用作动词："去谷歌一下"（to google）的意思就是使用谷歌搜索引擎在万维网上搜索信息。万维网（World Wide Web）是通过链接相连的网页集合，而互联网（Internet）是相互连接的计算机系统。网上的信息量从 1993 年左右开始急剧增加，因此我们的用户需要帮助，以快速高效地在网上"冲浪"。于是，你在谷歌输入了一个查询项目，例如"网络排名"，然后谷歌为你返回超过 500 000 个条目的排名列表。

这一搜索结果列表是通过算法创建的。读者应该还记得，算法其实就像准备饭菜的食谱一样，是一种有限的指令列表。谷歌的联合创始人谢尔盖·布林（Sergey Brin）和拉里·佩奇（Larry Page）靠开发一种名为佩奇排名（Page Rank）的算法发家，该算法可以根据相关性对网站进行排名。[我不知道为什么不称它为布林 - 佩奇（Brin-Page）算法。]在谷歌之前已经有一些搜索引擎，但是谷歌要好用得多，因为这个新算法对每次搜索查询的响应都回答了有关页面的两个问题：（1）页面与某个查询项目的相关性如何？（2）

---

1. 作者的这一句话套用了格特鲁德·斯坦因在其诗作《神圣的艾米丽》中的名句："Rose is a rose is a rose is a rose"。该句的译法有很多，其中一种译法：玫瑰生而是玫瑰，玫瑰始终是玫瑰。类似的，现在谷歌既是公司的名称，也是一个动词，表示用谷歌引擎进行搜索。——译注

与其他相关页面对比，某个相关页面的重要性如何？（并非所有页面引用都具有相同的权重，来自重要站点的链接更为重要。）阿米·妮科尔·朗维尔（Amy Nicole Langville）[1] 和卡尔·D. 迈耶（Carl D. Meyer）撰写的《谷歌的佩奇排名及其他：搜索引擎排名的科学》（*Google's Page Rank and Beyond: The Science of Search Engine Rankings*）一书研究了搜索引擎操作的数学原理。

网站的受欢迎程度

有许多公司对网站的受欢迎程度进行评估和排名，例如 Alexa Internet，comScore，Compete，Quantcast 和 Nielsen Holding 等。Alexa 可能是当今最受欢迎的流量排名服务。Alexa 的流量排名是基于连续三个月内由用户提供的互联网流量数据，并且每天更新一次。对某个网站的排名，是根据两种指标计算得出的：独立访问者数（unique visitors）和页面浏览数。顾名思义，独立访问者数取决于在一天中访问某个网站的独立用户的数量，页面浏览数则是某个网站的用户链接（URL）请求的总数。同一用户在同一天对同一 URL 的多次请求将被计为一次页面浏览。独立访问者数和页面浏览数组合最高的网站排名第一。

没有人会对谷歌在人气列表上排名第一感到惊讶（它也有一只足球吗？），但是在不同的排名系统中，谁将排名第二（脸书还是 YouTube）可能会不一样。关于佩奇排名算法有一个著名的例子，它用更改所谓的"阻尼因子"（damping factor）的数值以给出不同的结果。佩奇排名的假设是基于网民如何行事。有时候，某个网民会单击他在某个页面上看到的链接，但是他

---

1. 阿米·妮科尔·朗维尔（Amy Nicole Langville，1975— ）是美国数学家和运筹学研究者，查尔斯顿学院的数学教授，同时也是前高中和大学明星篮球运动员。她研究的主要课题之一是排名系统，如谷歌用于网页排名的佩奇排名系统，并且还将自己的排名专业知识应用于篮球排名学。——译注

会对自己实际访问到的页面感到厌倦，然后随机地跳到另一个页面（直接输入新的网址，而不是激活当前页面上的某个链接）。在原始算法中，假定网民感到厌倦的概率为 0.15，因此阻尼因子的数值设置为 1 − 0.15 = 0.85。将阻尼因子设置为其他数值，我们就可能得出不同的排名。这种现象称为排名逆转（rank reversal），它表示由于某些不重要的因素，或者在许多情况下由于不相关的因素，使排名发生变化的现象。

网上有什么热门话题？

红迪（Reddit）是一个对内容进行打分和讨论的网站，它自诩的口号是"因特网的首页"。根据 Alexa 网站的数据，截至 2018 年 7 月，红迪每月有5.42 亿访问者（2.34 亿独立用户），它的访问量在美国位居第三，在世界上排名第六。红迪按照所谓的热门、最新、上升、有争议性、顶级和镀金（hot,new, rising, controversial, top, and gilded）[1] 对内容进行分类。它的算法或多或少是开源的，并且免费提供。红迪采用对数函数进行热门排名［在阅读本书时，你唯一应该具有的数学知识，就是不会把算法（algorithm）和对数（logarithm）搞混；尽管为了保险起见，我应该说清楚我这是在开玩笑］，其目的是使最先投票的权重更大。一般而言，以下规则是成立的：前 10 个投票与其后的 100 个投票具有相同的权重，而这又与其后的 1 000 个投票具有相同的权重，如此等等。[2]

2018 年 7 月 2 日，足球迷们看到了此届世界杯比赛中最激动人心的赛事——比利时队对阵日本队："红魔"（指比利时队）曾经落后两球，但最终却以最后一分钟的进球赢得了比赛。不出意外，我在次日早晨看到，红迪上

1. 红迪允许用户给好的帖子红迪金币以资奖励。用户可以在"镀金"栏下找到这些好帖子。——译注

2. 参阅 Amir Salihefendic. How Reddit ranking algorithms work. Medium, December 8, 2015.

最热门的头条新闻是"虽然伤心地以 2：3 败于比利时队，日本队在更衣室里用俄语留下'谢谢'的字样"。尽管足球迷们会保留对这场比赛的回忆，但这条新闻本身必然会成为典型的"当日轰动"（sensation of the day），并在第二天夜里就被其他新闻所取代。

像互联网这样的复杂网络，肯定会包含不易发现、但是有趣而且重要的条目。

关于游戏结果：稳定性，逆转，统计学

保持排名和排名逆转

到目前为止，有关人类认知和计算算法如何产生排名列表，我们已经看到了许多示例。我们反复遇到的一个问题是：排名结果的可靠性和稳定性如何？另一个问题是：我们应该如何应对这些列表？还有，为找到有最佳质量的商品，我们对某个排名系统可以信任到什么程度？

显然，我们可以使用不同的标准进行排名。有一款数学程序名为"多标准排序"（multicriteria ranking）。这是一个复杂的过程，不仅要对备选项进行排名，而且还必须对标准本身进行优先性排序。假设你是一位需要购买汽车的年轻人。卖方向你展示了两辆车：一辆新车（N1）和一辆二手车（U），二手车的价格是新车的一半。因此，你在这里碰到了两个标准：价格和车龄。你可能倾向于认为，在你生活的这一阶段，你更需要考虑自己的经济能力，而你又确实需要买辆车，因此你几乎可以决定要购买那辆便宜的二手车（U）。但是，就在你闲看的时候，汽车商又向你介绍另一辆新车（N2）。它比其他的新车都要精致，但价格也要昂贵得多。这时你可能会改变自己的决定，心想："好吧，如果我购买 N1，我会合算得多！我本来可能要在 N2

上花更多的钱，所以购买 N1 相当于是省了钱！"

这一简单的故事告诉我们，即使在理想世界中，我们还是需要进行选择。一个理想的排名程序，即使在添加或删除一些选项后，仍会保留项目之间的原有排名。这被称为不变性原则或无关候选项的独立性原则。在本章前面有关阿罗不可能定理的内容中，我们已经提到了这一点。

2000 年的美国总统大选，是人们经常提到的违反无关候选项独立性原则的一个例子。我们至少从阿罗不可能定理[1]中就早已知道，没有哪个投票系统是完美的。民主党候选人阿尔·戈尔输给了共和党候选人乔治·W. 布什，但他是输在选举人票数上。决定性的投票发生在佛罗里达州，最终核定的投票结果显示布什只比戈尔多了 537 票。戈尔的支持者认为，是第三位候选人拉尔夫·纳德（Ralph Nader）毁了戈尔的选举，他从戈尔那里分走了足够多的佛罗里达州选票，从而让布什赢得了胜利。

由于不同特性的重要性发生变化，排名也可能会发生逆转。链接和内容是最重要的两个决定页面排名的因素，但我们现在已经知道，谷歌实际上使用了大约 200 个其他因素。佩奇排名算法的各种变体都是基于网络中参与者的集体智慧。网络科学家表明，排名程序对网络中相对较小的扰动具有稳定性。[2]网络排名综合了人们的观点和由人创造的数学算法的结果，认识到这一点很是有趣。

排名统计学

一般认为，按词频对单词进行排名会呈现出一定的统计规律性。哈佛大学的语言学家乔治·金斯利·齐普夫（George Kingsley Zipf, 1902—1950）

1. 参阅 Amir Salihefendic. How Reddit ranking algorithms work. Medium, December 8, 2015.

2. 参阅 Gourab Ghoshal and Albert-László Barabási. Ranking stability and super-stable nodes in complex networks. Nature Communications 2, no.394（July 2011）.

观察到，在文本中，不同单词的出现频率之间存在比例关系，这一思想被称为齐普夫定律，它发表于1949年。最常用的单词的出现频率是第二常用的单词的2倍，是第三常用的单词的频率的3倍，以此类推。后来，人们在许多语言中观察到，最常用单词的出现频率都与其排名的倒数成正比。例如，单词"the"是英语中最常用的单词。第二常用的是"of"，其使用量大约是第一名的一半。第三个是"and"，其使用频率是最常用单词的三分之一，以此类推。美国（和许多其他国家）的城市规模也表现出相同的统计模式。这还不是仅有的两种情况：公司规模，收入排名和许多其他排名项目都有相似的统计规律。它与所谓的80/20法则有关：大约80%的后果来自20%的原因。认识和管理这些排名模式不仅是可能的，而且还是必要的。在1900年左右，意大利经济学家帕雷托（Vilfredo Pareto）通过研究收入分配情况，也观察到了类似的规律。他注意到，少部分人拥有大部分财富。

这些统计规律与大家都知道的钟形曲线[1]非常不同。它们被称为"长尾"或"重尾"（heavy tail）分布；与对称的钟形曲线相反，这些分布是偏斜的。偏斜度（skewness）是对分布不对称性的一个指标，描述了偏离钟形曲线的程度。绝大多数生物的、技术的和社会的网络具有重尾分布的特点。人们已经提出了偏好依附（preferential attachment）[2]这一术语，用于描述演化网络

---

1. 就是正态分布，因其形状像一只下大上小的钟形而得此俗称。——译注

2. 优先添加过程是一种随机的罐过程（urn process），是指将离散的财富单位（通常称为"球"）以随机或部分随机的方式添加到一组物体或容器（通常称为"罐"）中的过程。在这个过程中，额外的球被连续地加入到系统中，并作为罐中已有球数的递增函数发布到各个罐中。——译注

（evolving networks）[1]中度分布（degree distribution）[2]（也称为边缘分布，edge distribution）的生成。这是一种具有无标度行为的简单模型；边缘分布遵循幂律分布。在许多网络（例如机场网络、科学协作网络和电影演员网络）中都发现了这种行为。该模型非常简单，它也非常流行，读者肯定或多或少地了解一些。[3]科学论文被引次数和艺术品价格也可以用幂律分布来描述，对此我们将在"为声誉而战"一章中加以讨论。

---

1. 演化网络是指随时间而变化的网络。随着时间的推移增加或删除节点或链接。通常所有这些过程都是同时发生的，比如在社会网络中，人们会随着时间的推移而结交或失去朋友，从而产生或破坏边缘，有些人成为新的社会网络的一部分，或者离开他们的网络，改变了网络中的节点。——译注

2. 度分布是图论和网络理论中的概念。一个图（或网络）由一些顶点（节点）和连接它们的边（连结）构成。每个顶点（节点）连出的所有边（连结）的数量就是这个顶点（节点）的度。度分布指的是对一个图（网络）中顶点（节点）度数的总体描述。对于随机图，度分布指的是图中顶点度数的概率分布。——译注

3. 参阅 Albert Lázló Barabási and Réka Albert. Emergence of scaling in random networks. Science 286, no. 5439（October 1999）: pp. 509–512.

学习小结：我们理性的范围和局限性

客观真实这一术语与真实性和可靠性有关。现代主义（Modernism）[1]作为一种哲学，相信客观性、真理、理性和可靠性具有很高的价值。即使是我们这些（温和的）乐观主义者，也不会羞于承认我们的客观性和理性是有限的。有关个人和社会决策的早期理论都是基于理性和最优化的概念。而过去60年的研究结果，让我们从"经济理性人"的概念转向一种新的决策者模型，他们具有认知偏差并且对其谬误有更清晰的认识。个人的选择和偏好被汇总起来形成社会偏好，在本章中，我们概述了进行这种汇总的一些方法。我们还认识到，偏好排名并不总是意味着唯一的结果，因为类似于RPS游戏，我们可能会陷入某种循环。令人惊讶的是，在古代宗教系统和美国政府体制中，都可以看到这个游戏的要素。

此外，排名算法应该是产生客观排名的主要工具，而且我们都知道，谷歌的佩奇算法让它的发明者发了大财。谷歌之所以成为谷歌，是因为它的算法能够在非常合理的时间内对网站进行明确的排名。现在我们知道，如果对算法进行修改，可能会产生不同的结果，或者更一般地说，在现实生活中可能会发生排名的逆转。如果根据某些特征对大量项目进行排名（例如，

---

1. 从文化的历史角度来说，现代主义（Modernism）是在1914年之前的几十年中兴起的新艺术与文学风格。艺术家为了反抗19世纪末期的陈规旧矩，转而用一种他们认为感情上更真实的方式来表现出大家真正的感受与想法。现代主义以科学为基础，重视理性与逻辑，关注实验论证。其中，达尔文的进化论打破了人类特异于其他动物的观点，弗洛伊德对自我的研究也为现代主义奠定了重要的理论基础。——译注

根据出现的频率对单词进行排序，或者根据大小对城市进行排序），我们可以使用统计方法。在许多实际情况下，这些特征的分布大大偏离了钟形曲线，可以用一种偏斜分布进行模拟，这种分布在学术上被称为幂律分布。

我们应该理解并接受以下观点：无论我们是对其他人、事物或选项进行排名，还是被其他人排名，其结果都是某些不完全理性的和客观的分析的产物。在下一章，我们将进一步研究对社会机构的评估和排名可能存在偏差的那些原因。

无知者、操纵者，以及评测社会的难处

在排名过程中，至少有两种原因可能会使我们不客观。原则上，排名者应该是客观的，但是，更多的时候，排名者是无知的或有意进行操纵。无知的排名者缺乏对某些事实或对象的知识，或缺乏做某事的技能。他们可能没有获得相关信息，但更有可能的是被信息误导了。操纵者通常为了自身利益而狡猾地、巧妙地改变、控制或影响某事（或某人）。无知者和操纵者的行为使排名偏离"真实"，他们给人以真实的假象，而实际上却人为地歪曲了真相。

无知者

不仅是认知上的偏差

在"选择，游戏，法律和网络"一章中，我们讨论了不同形式的认知偏差理论，在这里我们将讨论不同类型的认知偏差在现实世界中的例证。英国哲学家、数学家、诺贝尔文学奖得主伯特兰·罗素（Bertrand Russell，

1872—1970）[1] 曾说过："我们这个时代的痛苦之一，是那些自信满满的人表现愚蠢，而那些有想象力和理解力的人则充满了怀疑和犹豫。"

远在这之前，孔子（公元前551—公元前479）说过："知之为知之，不知为不知，是知也。"（Real knowledge is to know the extent of one's ignorance.）这些哲学家的智慧，得到了社会心理学家大卫·邓宁（David Dunning）[2] 和贾斯汀·克鲁格（Justin Kruger）[3] 的研究的支持。[4] 他们的结论是，知识较少的人由于认知上的偏差会产生虚幻的优越感，如图5.1所示。

邓宁-克鲁格效应[5] 反映了一种非常重要的心理机制，它是造成排名有失公允的基础。众所周知，对于自己在班级中的排名，有能力的学生会低估自己，而差生则高估自己。同样的，没有经验的司机在驾车时，也会大大高估自己的技术和反应速度。文学和电影中的人物也常常表现出邓宁-克鲁格效应，所以他们的排名能力是有些偏颇的。简单地说，他们不能正确估计自己在群体中的地位。很不幸，许多人则处于迷境之中：既不知情，又在有意无意间受到误导［纪念医学博士和数学家埃莱梅尔·洛博

---

1. 伯特兰·亚瑟·威廉·罗素（Bertrand Arthur William Russell，1872—1970），英国哲学家、数学家和逻辑学家，致力于哲学的大众化、普及化。在数学、哲学方面采取弗雷格的逻辑主义立场，认为数学可以化约到逻辑，哲学可以像逻辑一样形式系统化，主张逻辑原子论。1950年，罗素获得诺贝尔文学奖。——译注

2. 大卫·艾伦·邓宁（David Alan Dunning）是美国社会心理学家、密歇根大学心理学教授，也是康奈尔大学退休的心理学教授。——译注

3. 贾斯汀·克鲁格（Justin Kruger）是美国社会心理学家，纽约大学斯特恩商学院教授。——译注

4. 参阅 Justin Kruger and David Dunning. Unskilled and unaware of it: how difficulties in recognizing one's own incompetence lead to inflated self-assessments. Journal of Personality and Social Psychology 77, no.6（December 1999）: pp. 1121-1134.

5. 邓宁-克鲁格效应（Dunning-Kruger effect），或简称达克效应（DK effect），是一种认知偏见，能力欠缺的人有一种虚幻的自我优越感，错误地认为自己比真实情况更加优秀。反之，非常能干的人会低估自己的能力，错误地假定他们自己能够轻松完成的任务，别人也能够很容易地完成。——译注

什（Elemér Lábos，1936—2014）][1]。最糟糕的无知，可能是由错误的理论、事实、隐喻、直觉和策略组成了误导性的心理模型（mental models），并把它们当成有用的知识。[我不禁要提到"无能歌剧"（The Incompetence Opera）中的《邓宁 - 克鲁格之歌》（*The Dunning-Kruger Song*），片长三分钟，值得一看。]电影《超级骑警》（*Super Troopers*）[2]中的罗德尼·法尔瓦（Rodney Farva）是邓宁 - 克鲁格效应的一个典型代表。他是一个相当糟糕的警察，但他积极地参与到团队的每项工作中，坚持要"帮忙"，而其他人都知道他并不是真的在帮忙。（关于背景情况，请观看 YouTube 上的 *Best of Farva*。）

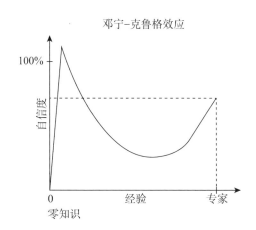

图 5.1　自信与专业知识之间的非单调关系

（引自 Wikimedia Commons）

　　尽管我并不想要赞美无知，但是我承认无知也有可能带来好处，甚至可能会导致成功。我们知道，克里斯托弗·哥伦布为了寻找一条通往亚洲的新

---

1. 参阅 Elemér Lábos. A dezinformatika alapvonalai. Valosag 37, no. 5（1999）: pp.46-67［in Hungarian］.

2.《超级骑警》（*Super Troopers*）是一部 2001 年的美国喜剧片。——译注航道，结果却发现了一个新大陆。有一个瑞典的年轻人，名叫英格瓦·坎普拉德（Ingvar Kamprad），他起初拥有一家邮购公司。有一次，他想把一张桌子装进自己的汽车里去售卖。在别人的建议下，他拆掉桌子的腿以便于运输，于是他有了平装家具的想法，这就诞生了宜家。那些全新的公司，比如亚马逊、优步（Uber）、爱彼迎（Airbnb）[1]等，都无视了图书销售、出租车、酒店等老牌行业的传统知识，从而颠覆了整个行业。由此我们可以看到，有些无知与引人注目的新见解相结合，具有产生创新思想的潜力。但是，如果过于无知，那又会怎样呢？

操纵者

在 20 世纪和 21 世纪，我们看到了从量子计算到空间探索的巨大科学进步。如果认为心理学没有跟这些科学同时得到发展，我们对操纵行为的理解还在原地踏步，那就太傻了。如果我们把排名游戏看成是一场比赛，有些玩家为了保证自己的优势或优先权，会随时准备着违反规则。如果规则是不成文的，违反规则就更容易了。在很多比赛中，都有裁判员或仲裁者。然而，诚如俄罗斯裔美国诺贝尔奖得主、诗人约瑟夫·布罗茨基（Joseph Brodsky，1940—1996）所言："人生就是一场有许多规则却没有裁判的游戏。"（更准确地说，他以回答如下问题而闻名。"你是一位以俄文诗歌获得诺贝尔奖的美国公民。你是谁，美国人还是俄国人？"他回答说："我是一位犹太人，一位俄语诗人，一位英语散文家，当然，我也是一位美国公民。"）

---

1. 爱彼迎（Airbnb）是一家联系旅游人士和家有空房出租的房主的服务型网站，提供短期出租房屋或房间的服务。——译注

操纵者为了谋取个人利益，会采取不同的伎俩，从赤裸裸的欺骗到高超的宣传手段。但是，在任何情况下，他们的目标都是为了再次登上"成功榜"的榜首，即使违反规则也在所不惜。

如何操纵

（1）诉诸恐惧。

诉诸恐惧是一种通过唤起恐惧，以刺激人们采取某个行动或支持某项政策的技巧。读者很清楚，这种策略已经被许多位美国总统采用，例如呼吁"如果我们不救助大汽车制造商，美国经济就会崩溃。因此，我们需要救助汽车制造商"。专家们说，这种说法其实是夸大其词，但它确实起了作用。其他总统则呼吁说"对我们的警察的袭击，以及我们城市中的恐怖主义，威胁到了我们的生活方式"。而美国前总统特朗普的"套路很清楚，也很简单，你们要非常、非常地害怕，而我就是那个解决问题的人"，更是直言不讳地道出了这一技巧的精髓。

（2）"非黑即白"谬论。

另一位美国总统在谈到"反恐战争"时宣称，"不是站在我们这一边，就是站在恐怖分子那一边"。如果被要求在反对《爱国者法案》和爱国者之间做出选择，这个问题必然意味着，如果你反对《爱国者法案》，那么你就不能成为一名爱国者。然而，这些非黑即白的谬论忽略了这种问题所涉及的微妙之处，它们没有认识到，如果一个人不是你的盟友，那么她不一定就得是你的敌人。你不能排除这个人采取中立态度，或者只是还没有明确立场的可能性。如果你被迫只能在两个选项中进行选择，从而排除了所有其他的可能性，这就出现了逻辑上的谬误。

（3）经过过滤的事实。

经过挑选的事实比假新闻更危险。我们会根据新闻来做决定，基于我们周围正在发生的事情，（有意识或无意识地）对我们面前的选项进行排名。媒体大亨鲁伯特·默多克（Rupert Murdoch）[1]曾经宣称他的目标是："创办更好的报纸。创办人们想看的报纸。不要再让记者因为普利策奖而去写作。专注于创作人们想读的东西，并让它显得有趣。"[2]正如上一章所讨论的那样，我们会受到确认偏差的影响，所以我们更喜欢阅读符合我们已有心理框架的新闻。

在传统上，新闻希望能够准确地反映世界的现状，但是，增强我们现有信念和偏见的新闻过滤机制却越来越流行。换句话说，媒体组织试图最大化其读者和观众数量，其方式是确认（利用数据和算法提高其效率）我们最常浏览的新闻是什么类型，然后为我们重新编排和饷以此类新闻。

如果我们从对方那里得到经过选择的事实，我们会如何应对呢？

（4）重复。

刘易斯·卡罗尔［真名叫查尔斯·路特维奇·道奇森（Charles Lutwidge Dodgson，1832—1898）][3]在谐趣诗（nonsensical poem）《猎鲨记》（*The Hunting of the Snark*）[4]中写道："事述三遍即为真。"

---

1. 鲁伯特·默多克（Rupert Murdoch，1931— ），生于澳大利亚墨尔本，现居美国，全球首屈一指的新闻媒体大亨，他的家族在《福布斯》2019 年全球亿万富豪榜中名列第 52 位，资产达到194 亿美元。——译注

2. 参阅 Andrew Clark. Murdoch's Wall Street shuffle. The Guardian, June 22, 2008.

3. 查尔斯·路特维奇·道奇森（Charles Lutwidge Dodgson，1832—1898），笔名刘易斯·卡罗尔（Lewis Carroll），英国作家、数学家、逻辑学家、摄影家，以儿童文学作品《爱丽丝梦游仙境》与其续集《爱丽丝镜中奇遇》而闻名于世。——译注

4. 《猎鲨记》（*The Hunting of the Snark*）是英国诗人刘易斯·卡罗尔于 1874 年创作的打油诗，当时他 42 岁。这首诗借鉴了小说《爱丽丝镜中奇遇》中的短诗《无聊的话》（*Jabberwocky*），尤其是其中的人物和混成词，但它是一个独立的作品，于 1876 年由麦克米伦出版社首次出版。——译注

在奥威尔（Orwell）[1]的《动物庄园》[2]中，老少校在论证反对人类的观点时不断重复同样的思想，只是说法上略有变化："人类是我们唯一真正的敌人"；"只要把人类消灭了……根源也就被消灭了……"；"人类是唯一一只会消耗而不事生产的生物"；"只要把人类除掉就好了"。

更为系统的心理学研究表明，重复会造成"把谎言当成真理的假象"（illusion of truth）。我自己的建议是这样的：请不要在没有仔细核对真假的情况下，就重复说一些事情。如果你这样做了，那么，你也要为营造了这种难以分清谎言和真相的世界负责。所以，求求你，求求你，求求你，请在重复你的话之前，务必三思而后行！

（5）求助权威。

我们不能说相信权威是不合理的。在求助权威的背后有一个逻辑模型：

· 假设1：X 是某一论题的权威。

· 假设2：X 就该论题发了话。

· 结论：X 的话很可能是正确的。

科学家们的理想化世界里存在一种共识，即那些权威应该像研究生一样严格地证明自己的陈述。然而在政治领域，情况未必如此。大家都熟悉以下谬论："某个极其可信的消息来源"给我的办公室打电话说，某位总统的出生证是假的。理所当然地，这个说法是极其可信的，因为消息来源自己也是这么说的。那么，这个说法究竟可不可信呢？

爱因斯坦说过，$E=mc^2$，于是它就是真实的。然而，一句话是谁说的与

---

1. 乔治·奥威尔（George Orwell，1903—1950），本名埃里克·亚瑟·布莱尔（Eric Arthur Blair），英国作家、新闻记者和社会评论家。其代表作为《动物庄园》和《一九八四》。——译注

2. 参阅 George Orwell. Animal Farm. London: Secker & Warburg, 1945.

这句话是否真实，二者之间没有因果关系。真实的是，质量—能量等效是一个普遍性原理，它是时间和空间的一些基本属性的结果。在此，物理学就不多说了，让我们来说说广告吧。罗斯博士（Dr. Ross）这样的名演员和冲咖啡的机器有什么关系？名人的证词往往会被用来提高某款产品的吸引力，因为当涉及精品时，名人会被认为是专家。罗斯博士声称："他很荣幸能与奈斯派索咖啡（Nespresso）合作，承诺每一杯奈斯派索咖啡都会对世界产生积极的影响。"

媒体操纵中的博弈变化

马克·吐温曾经说过："如果你不看报纸，你就得不到消息。如果你看了报纸，你就会被消息误导。"即使在 19 世纪和 20 世纪，也就是马克·吐温所处的时代，媒体的客观性就已经受到了威胁。政治家和记者可能都想改变现实，他们可以对媒体或多或少的可靠性加以利用。然而，在那个时候，歪曲、夸大、捏造和简化都还只是例外，而不像现在这样成了常规。

20 世纪 60 年代，当时有三大新闻网络——美国广播公司（ABC）、（美国）全国广播公司（NBC）和哥伦比亚广播公司（CBS）——控制着电视新闻。凯斯·桑斯坦（Cass Sunstein）[1] 把这类媒体巨头称为"大众利益中介机构"（general-interest intermediaries），它们对民众获取信息施加了很大的影响。泽伊内普·蒂费克奇（Zeynep Tufekci）[2] 在 2018 年为《连线》（Wired）杂

---

1. 凯斯·罗伯特·桑斯坦（Cass Robert Sunstein，1954— ），美国法律学者，他曾在 2009 年至 2012 年之间担任奥巴马政府的白宫资讯及管制事务办公室主任。现在，桑斯坦为哈佛法学院的罗伯特·沃姆斯利讲座教授。——译注

2. 泽伊内普·蒂费克奇（Zeynep Tufekci）是土耳其作家、学者和技术社会学家，主要因其研究新兴技术如人工智能、大数据在政治和企业责任背景下的社会影响而闻名。Tufekci 是《纽约时报》专栏作家，撰稿内容涉及技术的社会影响相关话题。——译注

志撰写的一篇令人印象深刻的文章中指出，传统的新闻审查技术包括关闭报纸、吊销广播执照，或者威胁（甚至谋杀）不同意政府政策的记者。但我们现在生活的时代中，"媒体"已经意味着从有线电视新闻网（CNN）或全国公共广播电台（NPR）到脸书（Facebook）的一切。随着大众利益中介机构相对权力的下降，以及谷歌新闻、苹果新闻和其他众多媒体策划者提供的个性化媒体的影响力的上升，现在的操纵和审查技术致力于使整个媒体界显得不合法，并在历史上被认为"客观"的机构和声音中播下不信任的种子。1967 年汉娜·阿伦特（Hannah Arendt）[1]发表在《纽约客》（*New Yorker*）上的文章《真理与政治》（*Truth and politics*）指出，今天越来越常见的反复说谎（具体地说，是政治谎言）其作用是使我们对所处的现实产生怀疑：

> 换句话说，一贯地、完全地以谎言取代事实真相的结果，并不是谎言就被当成了真相，真相则被当成了谎言，而是正在摧毁我们在现实世界中行事的观念（明辨真假是实现这一目的的思想手段之一）。

在我们这个不断变化的世界中，言论自由的未来以及新形式的审查和操纵，现在正成为热门话题，因为一种新的操纵方式似乎已经出现了。我们读到的只是别人认为我们想读的东西，这是对我们的政治体制的一个主要威胁。[2]由于可以有效地使用过滤技术，人们接受的是预先设定的信息，并以

---

1. 汉娜·阿伦特（Hannah Arendt, 1906—1975）是犹太裔美国政治学家，原籍德国，她被广泛认为是 20 世纪最重要的哲学家之一。——译注

2. 参阅 Cass Sunstein. Republic.com 2.0. Princeton, NJ: Princeton University Press, 2009.

个性化订阅的形式传递，即所谓"个人日报"（The Daily Me）[1]。所以，他们（我们）生活在回声室里，而这正是增强我们信念的手段。（请记住确认偏差的影响！）在这些回声室中，我们不再可能从生活在其他回声室的人们那里接收到意外的消息，从而促成这样一种社会生活：人们的思想因自己的选择而封闭，无法接受其他意见和信念。

电影、历史和选举中的操纵行为

"操纵"这个词有一种天然的负面含义。操纵不仅仅是指说服，它意味着通过欺骗来施加影响，不公平地利用和控制他人。因此，当我们想到电影史上最善于操纵的电影人物时，马上就会想到反派人物。好人不会进行操纵，他只会进行说服或感化。而坏蛋会欺骗、撒谎、玩弄阴谋。兰克（Ranker）[2] 将 1995 年电影《普通嫌疑犯》（*The Usual Suspects*）中的凯撒·索泽（Keyser Söze）列为"电影中最具操纵能力的角色"。索泽是一个无情而有影响力的犯罪头子，在警察和罪犯中都获得了传奇的地位。

对于历史人物，我不知道该如何根据其操纵能力进行比较。历史上的马基雅维利[3] 式人物在行事策略上都是遵循"为了达到目的可以不择手段"的思路。换句话说，为了达到一个非常重要而又有足够理由的最终目标，可以违反法律和道德规则。

---

1. The Daily Me 是由麻省理工学院媒体实验室创始人尼古拉斯·尼葛洛庞帝（Nicholas Negroponte）提出的一个术语，用来描述根据个人口味定制的虚拟日报。

2. 兰克（Ranker）是一家位于洛杉矶的数字媒体公司，该公司对娱乐、品牌、体育、美食和文化进行了民意调查。据报道，Ranker 每月在全球的独立访问者数超过 4 000 万，号称是最大的舆论数据库之一。——译注

3. 尼科洛·迪贝尔纳多·代·马基雅维利（意大利语：Niccolò di Bernardo dei Machiavelli，1469—1527）是意大利的学者、哲学家、历史学家、政治家、外交官。他是政治哲学大师，他所著的《君主论》一书提出了"政治无道德"的权术思想，被人称为"马基雅维利主义"。——译注

不管你喜欢与否，无知和操纵在人类社会中无处不在。当我们试图用有限的头脑去理解人类社会的复杂性时，我们往往会把评估和量化作为一种有用的启发式方法。再一次地，我们将认识到想要做到客观的难处。

对社会进行测量的重要性和难处

有关客观性假象，在此我们将转向讨论其更加形式化的观察结果和规律。在美国，相关观察结果被总结成为坎贝尔定律（Campbell's law），而在英国，则被称为古德哈特定律（Goodhart's law）。然而，二者指的是本质上相同的原则。

测量的现实与神话

即使在古代文明中，测量过程也是不可或缺的。确定诸如长度、质量、体积和时间等的数量对于农业、建筑和贸易都至关重要。通常被称为开尔文勋爵（Lord Kelvin）的威廉·汤姆森[1]，曾说过这样一句名言："当你能够测量你所讲的东西，并用数字表达出来时，你就对它有所认识。当你不能用数字表达的时候，你的认识就很贫乏，不能令人满意；这或许可以是认识的开端，但你的思想还远没有达到科学的高度。"弗雷德里克·泰勒[2]创立了所谓的科学管理理论，采用量化生产劳动过程的做法，以期提高生产力。这种做

---

1. 威廉·汤姆森，第一代开尔文男爵（William Thomson，1st Baron Kelvin，1824—1907），即开尔文勋爵（Lord Kelvin），在北爱尔兰出生的英国数学物理学家、工程师，也是热力学温标（绝对温标）的发明人，被称为热力学之父。——译注
2. 弗雷德里克·温斯洛·泰勒（Frederick Winslow Taylor，1856—1915），美国管理学家、机械工程师。他是 20 世纪早期美国效率增进运动的领导者之一。——译注

法被称为泰勒主义（Taylorism），因其认为工人是工厂大机器中的"齿轮"而受到攻击。而且，大家都知道它在奥尔德斯·赫胥黎（Aldous Huxley）[1]的《美丽新世界》（*Brave New World*，1932）和查理·卓别林的《摩登时代》（*Modern Times*，1936）中受到了嘲讽。然而，它的精神却经久不衰，"测量过程，是通往控制事物并最终改进事物的第一步。如果对某事你不能进行测量，你就无法理解它。如果你不能理解它，你就无法控制它。如果你不能控制它，你也就无法改进它。"

测量中危险的一面

唐纳德·坎贝尔（Donald Thomas Campbell）[2]是一位兴趣极其广泛的社会学家。通常所称的坎贝尔定律指出，"任何量化的社会指标，当它在社会决策中使用得越多，就越容易受到腐败压力的影响，从而越容易扭曲和腐蚀它所要监测的社会进程"。[3] 类似地，伦敦经济学院（London School of Economics）的经济学家、英格兰银行货币政策委员会（Monetary Policy Committee）的前成员查尔斯·古德哈特（Charles Goodhart）也指出，"某个社会、经济指标或其他替代指标，一旦被当作执行社会或经济政策的目

---

1. 奥尔德斯·伦纳德·赫胥黎（Aldous Leonard Huxley，1894—1963），又译阿道司·赫胥黎，英格兰作家。他下半生在美国生活。他以小说和大量散文作品闻名于世，也出版短篇小说、游记、电影故事和剧本。——译注

2. 唐纳德·托马斯·坎贝尔（Donald Thomas Campbell，1916—1996）是美国社会学家。他以其在方法论方面的工作著称。他创造了"进化认识论"这一术语，并提出了人类创造力的选择主义理论。在 2002 年出版的《普通心理学评论》的调查中，坎贝尔被评为 20 世纪被引用次数最多的心理学家之一，位列第 33 位。——译注

3. 参阅 Donald Campbell. Assessing the impact of planned social change. Evaluation and Program Planning 2, no. 1（1979）: pp. 67–90.

标，它就将失去使其有资格发挥这一作用的信息内容"。古德哈特定律[1]认为，"任何观察到的统计规律性，一旦为了控制的目的而受到了压力，就会趋于崩溃"。

从执法到卫生保健，从旅游到教育，每个领域的管理人员都必须报告数字来描述其组织的业绩。世界上许多国家都存在有据可查的例子，可以作为坎贝尔定律的研究案例。经济规划者们为工厂设定目标，强调数量而不是质量，并根据是否达到数量目标来评判厂长的业绩。产品质量和消费者满意度都不是主要因素，因此，"当阶段性计划以吨位来设定目标的时候，工厂生产的东西都重得可笑——吊灯会拉垮天花板，屋顶金属架会压塌建筑物"。[2]

指标的暴政？

在与本书主题最接近的图书出版前，我早就已经提笔撰写书稿了。[3]杰里·马勒（Jerry Z. Muller）的《指标的暴政》（*The Tyranny of Metrics*）研究了我们对指标的迷恋，马勒列举了他所说的这种迷恋的意外后果。马勒的论点可能是正确的，他认为之所以采用反映责任制（accountability）和透明度的诸多指标来代替人的判断，缺乏社会信任是其主要原因。如果世界上所有其他人都可以假定为诚实、正直和可靠的，那么只要用更少的指标就可以刻画透明度了。

每个人都知道一些关于如何玩弄指标的故事。在警务工作中，破案数、

---

1. 参阅 C. A. E. Goodhart. Monetary Theory and Practice: The UK Experience. Berlin: Springer, 1975.

2. 参阅 Paul Craig Roberts and Katharine LaFollette. Meltdown: Inside the Soviet Economy. Washington, DC: The Cato Institute, 1990.

3. 参阅 Jerry Muller. The Tyranny of Metrics. Princeton, NJ: Princeton University Press, 2018.

犯罪率和其他统计数据都被操纵了，以塑造出一个警察部门的更好形象。在教育领域，"应试教育"与上学的真正目标（培育）背道而驰，以达到外在的预先设定的目标。在医疗系统中，我们听到过外科医生为了不降低绩效指标而避免治疗高风险病人的故事。马勒说，什么是可以测量的，而什么又是值得测量的，这两者之间存在着差异，他的话又说对了。这方面的一个例子是，量化投资金额相比量化投资结果要更容易。

虽然我确实同意他书中绝大多数的例子和论点，但作为一个崇尚科学的学者，我不能同意他结论中的语气。如果放弃使用指标、评分、排名和任何量化分析，这会是一种值得欢迎的发展吗？如果这样的话，该由谁来做判断，这种判断的依据又是什么呢？我认为，该书没有分析基于指标的责任制的好处，而这可能会对明显的弊端矫枉过正。那么，马勒教授，我想我们打了个平手。

观察者和被观察者

科学的真实性建立在客观测量的基础上：可以重复结果的实验。"我是如此神奇而可靠的天才，我能够做一个没有人重复得出的实验！"在科学界，很少有人会这样自吹自擂并由此得到他人的尊重，而且大概至今都还没有哪位科学家这样说过。

在自然科学的绝大多数情况下，观察到的现象（比如说，苹果从树上掉下来的速度）与观察者的精神状态无关。即使你在睡觉，苹果也会掉下来。（我希望苹果没有掉在你的头上。）在微观粒子的世界里，观察者和被观察者之间存在着相互作用（但我并不是在写一本物理书）。

不幸的是，人不是苹果。观察过程会影响人的行为。即使是婴儿，如果他们知道哭闹会得到自己想要的东西，也可能更容易那样做。坎贝尔定律和古德哈特定律，其实只是印证物理学家默里·盖尔 - 曼[1]（因对粒子理论的贡献而获得诺贝尔奖）的一句名言："想想看，要是粒子也能思考的话，物理学将会变得多难！"

关键的问题极其明显。观察、测量和评估反映的是人员和机构过去的表现。然而，人员和机构有机会采取行动和做出反应。他们会采取策略，通过操纵信息（比如说，警察不报告所有的犯罪案件）产生一个比实际情况更好的结果。然而，大多数绩效评估的目的是为了帮助决策者分配资源。最常用的资源配置策略，是通过排名，把资金分配给那些表现较好的竞争者。这种反应机制将会导致微小优势的放大效应。

马太效应（Matthew effect），正反馈，强化

社会学家罗伯特·默顿[2]提出了"马太效应"一词，指的是微小的社会差异被放大的机制。[3]默顿试图解释，与那些尚未被认可的科学家相比，那些已经被认可的科学家为什么以及如何能够大幅地增加他们的资源。这种机制的核心被称为正反馈（positive feedback），它意味着强化（reinforcement），并往往会导致意想不到的后果。具体来说，有的社会研究者认为，这种机制不

---

1. 默里·盖尔 - 曼（Murray Gell-Mann, 1929—2019），美国物理学家、美国国家科学院院士。因成功建立对基本粒子的系统分类及发现其相互作用而获得 1969 年诺贝尔物理学奖。盖尔 - 曼通晓的学科极广，是一个百科全书式的学者，也是 20 世纪后期学术界少见的通才。除数理类的学科外，对考古学、动物分类学、语言学等学科也非常精通。——译注

2. 罗伯特·金·默顿（Robert King Merton, 1910—2003）是美国著名社会学家，哥伦比亚大学教授。1994 年，默顿由于建立了科学社会学并在此方面作出的贡献获得了美国国家科学奖章。默顿首先提出了马太效应和自证预言现象。——译注

3. 参阅 Robert Merton. The Sociology of Science. Chicago：University of Chicago Press，1973.

利于竞争。[1] 作为马太效应的结果，分配给人员、机构的人力和物力资源，会变得越来越不平等，并由此限制了竞争。竞争中的"失败者"将变得两手空空，更加无法挑战胜利者。如果大多数竞争者被淘汰出局，就会导致极少数几个对手的寡头竞争。

有许多意想不到的后果与眼镜蛇效应（cobra effect）或老鼠效应（rat effect）有关。老鼠效应的名字，来源于多年前越南的一次不幸的兽害事件。当年法国人殖民越南河内的时候，城里到处都是老鼠。为了减少老鼠的数量，殖民者实施了一项政策，只要杀死老鼠就可以得到报酬。人们只需出示老鼠尾巴，就可以拿到钱。于是出现了一种新的对策，即人们不杀死老鼠，只是把老鼠的尾巴砍掉，然后将它们放回下水道继续繁殖，从而确保捕鼠者获得更多的利润。

类似地，"眼镜蛇效应"这个词是在英国殖民印度期间产生的。为了对抗大量的毒蛇，每杀死一条蛇，英国政府都会给予报酬。这一政策最初效果不错，但当地人开始饲养蛇，以确保他们能够继续领钱。后来行政当局停止了这一政策，但是为时已晚，因为该地区的眼镜蛇比以前更多了。一般来说，眼镜蛇效应描述了这样一种情况，即建议的解决方案会使问题变得更加糟糕。另一个著名的例子是关于试图控制车辆通行的那些城市。墨西哥城和波哥大市[2]都出台了一些试图减少交通量的管理措施，只允许车主在指定的工作日驾车外出。波哥大市从1974年开始，就一直致力于减少城市街道上的汽车。例如，车牌号尾数为1至5的汽车周一不得上路。结果，那些觉得每天必须开车的人就购买了第二辆车，以避开政策的限制。毫不意外的

---

1. 参阅 Richard Münch and Len Ole Schäfer. Rankings, diversity, and the power of renewal in science: a comparison between Germany, the UK, and the US. European Journal of Education 49, no. 1 (March 2014): pp. 60–76.

2. 哥伦比亚的首都和最大城市。——译注

是，这些车都是老旧车，而其意想不到的后果是交通拥堵更甚，相应的污染也更严重。尽管如此，这项政策还是很受选民的欢迎，最近的新闻报道称，有 13 个城市（包括马德里、奥斯陆、伦敦和布鲁塞尔）都在推行禁止汽车通行的政策。[1] 我们还得再等几年后才能看到后果如何，但对此我们可以做出有根据的猜测。

社会指标：有用，但并非灵丹妙药

坎贝尔、古德哈特等人并没有说数字和量化评价不好。他们说的是，数字评价不仅反映了过去，而且还影响着未来。害怕得到差评，会影响到管理者对自己未来行动的决策。我们不能否认，数据容易被人篡改或扭曲。然而，这并不意味着，我们就应该放弃利用数据来改善社会项目和社会机构。尽管下面这一点似乎是对的，即增加利害攸关的考试（high-stakes testing）自然会增加应试者的作弊行为。但是我认为，这并不构成一个采用更主观的方法来评估学生的进步，从而取代那些考试的充分理由。当然，当我们在决策中使用量化数据时，应该更加谨慎地思考。

那么，还有什么其他好办法呢？好吧，以鄙人愚见，对待测量的态度就要像对待气压计一样，并应当更好地理解因果关系。如果你的气压计告诉你今天将会是低气压，你最好带一把伞。另一方面，如果你穿起短裤、戴着遮阳帽以图提高大气压，那你就是疯了，而把气压计放到深水中来提高气压读数也是愚蠢的。[2]

---

1. 参阅 Leanna Garfield. 13 cities that are starting to ban cars. Business Insider, June 1, 2018.

2. 参阅 The minute you start to measure is the minute it starts to go wrong. mmitII, July 6, 2012.

排名淘汰制

"排名淘汰制"（rank and yank）是指公司对员工进行年度绩效考核的过程，通过这种方式对员工进行排名，然后利用它为员工做出改变人生的决定。通常情况下，公司会将排名最低的人解聘。排名淘汰制是一种很残酷的行为吗？这么说吧，即使是在小学里，也会根据孩子的表现对他们打分，他们在正式的班级排名中的位置也是精确地定了下来的，不过其后果也许并没有那么严重。

通用电气公司（由托马斯·爱迪生创立）的前任首席执行官（CEO）杰克·韦尔奇（Jack Welch）采用一种硬性的排名淘汰制，按照这种制度，排名垫底的 10% 的员工都要被解雇。经理们被迫去确定各位员工在整个结构中的地位。如果我们否认这种强制性的排名制度至少在一段时间内是起作用的，那我们就是在说谎，因为它可以帮助员工知道自己在企业结构中的地位。但是，代际变化和技术发展既需要新的评价系统，也使之成为可能。我愿意接受这样一个信念，那就是现在的员工需要更为频繁的反馈，而不只是每年一次。通用电气现在正在实施一种通过 APP（PD@GE），每天都进行反馈的制度。这样做是希望用一种增加员工之间合作的制度，来取代以前那种意味着员工之间过度竞争的"命令加控制"（command and control）式的管理制度。要想在竞争与合作之间找到有益的平衡点，我们还是将之留待未来吧。

臭名昭著的安然公司（Enron）[1] 前任 CEO 杰弗里·斯基林（Jeffrey Skilling）受到了理查德·道金斯 [2]《自私的基因》（*The Selfish Gene*）一书的启发。该书是关于进化论的一本极有争议的、非常有影响力的著作 [3]，它认为自然选择的单位是基因而不是生物体。斯基林的管理哲学，源自他认为金钱和恐惧是激励人们的唯一手段的信念。在安然公司的绩效考核体系中，员工每年都会被打分，从 1 分到 5 分，5 分是最低分。这个制度有一个相对的、比较的要素：无论绝对业绩如何，必须有 15% 的人被打 5 分。（我是现在这个职称贬值年代的一名大学教授，所以，"愤世嫉俗的我"向自己提出了一个问题：如果我的教务长指示，必须给班上 15% 的人打出不及格分数，这会不会很困难呢？）考核过程被认为是该公司活动中最重要的环节。道金斯在回应中明确表示，斯基林误解了他的图书，他从未暗示过自私自利是进步的动力。

在玛丽莎·梅尔（Marissa Mayer）担任雅虎 CEO 期间，她推出了季度绩

1. 安然公司（Enron Corporation），曾是一家位于美国得克萨斯州休斯敦市的能源类公司。在 2001 年宣告破产之前，安然拥有约 21 000 名雇员，是世界上最大的电力、天然气以及电讯公司之一。公司连续六年被《财富》杂志评选为"美国最具创新精神公司"，然而真正使安然公司在全世界声名大噪的，却是持续多年精心策划，乃至制度化、系统化的财务造假丑闻，这个拥有上千亿资产的公司 2002 年在几周内破产。安然丑闻案爆出后，"安然"已经成为公司欺诈以及堕落的象征。——译注

2. 克林顿·理查德·道金斯（Clinton Richard Dawkins, 1941— ），英国演化生物学家、动物行为学家、科学传播者、作家，1990 年任牛津大学动物学教授，1995—2008 年任大众科学教育讲座教授。——译注

3. 参阅 Richard Dawkins. The Selfish Gene. Oxford: Oxford University Press, 1976.

效考核制度。在 #MeToo 运动[1]期间，能够读到男性受到性别歧视的有关报道是很惊人的一件事，但确实有一批男性前员工起诉了该公司，声称其在不透明的考核过程中歧视男性，该诉讼最终被驳回。但无论如何，雅虎已经不再是一家独立的公司了，它现在为威讯媒体公司（Verizon Media）[2]所拥有。当然，这两件事之间并没有因果关系。

如此看来，强制排名制度虽然鼓励了员工之间的竞争，但 CEO 们仍然面临一个棘手的问题，那就是如何避免职场中出现有害的残酷竞争。不过，现在我们将转向另一个强烈影响我们所有人生活的社会指标，而不只是我们这些在工作环境中被强制性排名的人们：信用评分。

信用评分

谈点历史

买！买！买！ 我们在买不起东西时依然想买东西，于是就找人借钱给我们去买。这个"某人"（不管是谁，无论是朋友还是银行）会考虑一个关键的问题："我可以相信借款人会偿还他们的贷款吗？"在一个人们不是生活在数据海洋中的世界里，潜在的贷款人对他们潜在的借款人只能进行定性的描述。

---

1. # 我也是（#MeToo）是 2017 年 10 月哈维·韦恩斯坦性骚扰事件后在社交媒体上广泛传播的一个主题标签，用于谴责性侵犯与性骚扰行为。社会运动人士塔拉纳·伯克在此之前数年便开始使用这一短语，后经女演员艾莉莎·米兰诺的传播而广为人知。米兰诺鼓励女性在推特上公开被侵犯的经历，以使人们能认识到这些行为的普遍性。自此之后，数百万人使用了这一标签来公开她们的不快经历，其中也包括许多知名人士。——译注

2. 威讯媒体公司（Verizon Media），旧名 Oath，是一家美国的网络媒体公司，为威讯通信（Verizon Communications）旗下子公司，也是 AOL 和 Yahoo 网络事业部门所属的母公司。——译注

"他看起来是个好人，可靠的人，所以我想他会还款。而且，他承诺了会支付本金再加上若干点的利息。"在几个世纪的时间里，街角杂货店的老板们发展出了一些技巧，能够把客户分为可靠或不可靠两类。美国最古老的信用报告机构就是从杂货店生意中产生的，对此我觉得很有意思，但并不感到奇怪。

凯特·伍尔福德（Cator Woolford）是田纳西州查塔诺加市的一名杂货店老板。他从自己多年来与顾客的互动中收集数据，编写了一本书，并将它卖给了当地的零售杂货商协会。基于他的成功，他和弟弟盖伊（Guy，一名律师）一起在亚特兰大开了一家非常小的企业，他们称之为"零售信贷公司"（Retail Credit Company）。这家小企业逐渐发展成为我们现在所熟知的艾可飞（Equifax）公司，它是三大消费信贷机构之一（另外两家是 Experian 和 TransUnion），这家公司收集和处理超过 8 亿个人消费者的信息。[1]

当要求人们判断他人的人品时，这确实是非常、非常主观的一件事。发放或拒绝贷款、信贷申请曾经是非常不客观的，年龄、性别或种族歧视一再发生。帮助决策者作出定量分析，是向客观化迈出的一大步。其目标是消除主观性，包括认知偏差造成的主观性。威廉·R. 费尔（William R. Fair，1923—1996）和厄尔·艾萨克（Earl Isaac，1921—1983）是建立预测潜在借款人行为的数学模型的先驱，他们在 1958 年推出了最初版本的信贷申请评分算法。该算法将借款人可能的行为区分为三种：借款人会按时还款、会延迟还款或根本不还款。后来，他们成立了费尔 - 艾萨克公司（Fair-Isaac Company），并开发出一种算法和相关软件，用以计算 FICO 评分。

信用积分是如何计算的，其结果的客观性又如何呢？

本书的主要目的是要揭开我们在主观与客观之间游走背后的潜规则。

---

1. 参阅 History of Equifax，Inc. Funding Universe，accessed February 10, 2019.

我们不能否认（我也完全无意这样做），算法是建立在人为假设的基础上的。在做了这些假设之后，评估就成了某个自动程序的结果。要生成一个信用评分算法，首先碰到的问题是哪些数据应当被重点考虑。FICO 考虑了下列五个因素。

- 你如何支付账单的历史
- 你的信用卡、房贷、其他贷款等欠款的数目
- 你的信用记录长度（越长越好）
- 你的信贷组合（越多样化越好）
- 新的信贷申请（新账户不要开的太多太快）

下一个自然的问题是，假设以上五个因素的重要性都相同是否合理。如果答案为"是"，我们就给每个输入变量都赋予 20% 的权重。然而，更合理的假设是这些因素的重要性多少有所不同，FICO 使用了以下权重：[1]

- 付款记录：35%
- 欠款额：30%
- 信用记录的长度：15%
- 使用中的信贷组合：10%
- 新的信贷：10%

我们已经知道了计算所需考虑到的因素，但同样重要的是，要知道哪些因素不应有影响。美国的《平等信贷机会法》禁止美国的债权人基于种族、肤

---

1. 参阅 What's in my FICO scores. myFICO, accessed February 10, 2019.

色、宗教、原籍、性别、婚姻状况、年龄等因素进行歧视。其他一些国家出于类似的目的也采用了信用评分，但各国的法律环境可能有所不同。关于如何计算信用积分的问题，存在许多不同的方法。从技术上讲，信用积分（这是一个单一的数字）是算法的输出，最简单的方法是通过输入项的加权总和来得到这样一个数字。FICO 使用的评分标度在 300 分到 850 分之间，但该公司对于如何计算这个分数并不完全透明。正如一位网友所写的那样："FICO 应该公开其所有重要的算法。他们说他们不想让人们操纵这些算法，但考虑到这些算法在买房或买车中的重要性，这些算法不应该成为只有 FICO 才知道的暗箱。"

信用积分游戏的潜规则

像许多算法程序一样，信用积分算法已经受到审视，因为它掩盖而不是消除了某些形式的偏见。世界知名律师事务所之一的伟凯律师事务所（White & Case）在其文件《算法与偏见：贷款人须知》中解释说，指导金融技术的算法即使绝非故意，也可能导致歧视性的决定。为什么会这样？因为在大数据时代，现在信贷员和贷款人可以接触到所谓的非传统数据，比如互联网活动、购物模式以及其他不一定与信用度直接相关的数据。通常情况下，这些数据都是利用最近流行的机器学习技术进行分析的。

传统算法采用的是算法设计者定义的算术和逻辑规则。例如，若借款人毫不拖延地偿还了之前的贷款，则提高其信用积分若干点。但是，机器学习技术并不依赖于一种预先定义的算法。相反地，它是基于在大数据集中发现的模式生成算法。以贷款申请的审批为例。软件存储并分析了成千上万个前期客户的金融行为数据。将一个新申请人的信用记录作为输入数据，机器学习算法可能会根据它在之前收集的数据中发现的模式，计算出申请人违约概率之类的输出。

我们有理由担心，算法可能会做出有偏见的决定，特别是对那些已经被边缘化的群体不利的决定。在理想情况下，决策者在评估借款人时，应该只考虑《平等信贷机会法》允许的数据。但是，我们生活在周围都是邻居、朋友和同行的网络中。因此，如果信贷员在评估你的信用度时，可以分析你的社交网络朋友的数据，那可能会在不经意间导致歧视，因为信贷员考虑了一些原本不允许他们考虑的数据。例如，家庭地址可能成为一个重要因素，由于像红线政策（Redlining）这样长期存在的做法，一个人的邮政编码被认为是一个危险的变量。红线政策指的是歧视性的住房供应行为，它在历史上导致美国许多城市把不同社区隔离开来。

机器学习算法可能会发现，你的信用度和你的朋友或邻居的财务行为之间存在相关性。这个情况很复杂：信贷员不能因为你的很多朋友迟迟不还贷而拒绝你的请求。他们应该向你解释他们决定拒绝你的信贷请求的依据，但如果使用非传统的数据，就很难给出透明的、可以说得清楚的解释。

应该很清楚，不能用你的社交网络数据来评估你未来的财务情况。然而，我们的很多未来活动是根据推荐系统来选择的。这些推荐哪怕只是给出一个没有排名的列表，也会影响我们对酒店、餐厅、约会伴侣和电影的选择。推荐算法需要利用类似"我的朋友喜欢的东西"的数据来预测你的品位。我们将在"由购物单所想起的：怎么样去买（或不买）新的割草机"一章中详细讨论这些算法。

我们是否应该喜欢算法？如果你准备用"否"来回答这个问题，那么我们回归到基于人格的、完全主观的信用评估是不是会更好呢？金融科技的发展，不断地拓宽传统上可以接受的贷款发放方式的界限。2016年5月，奥巴马政府财政部发布了一份题为《在线市场贷款的机遇与挑战》的白皮书。除了传统玩家之外，网上市场贷款公司也应运而生，为消费者和小企业提供更快的信贷服务。好消息是，一些发达国家的财政部发现分析这种新型信用体系带来的机遇和风险非常重要。

向公平的算法前进？

计算机科学家已经意识到，算法甚至可以在无意中导致歧视。数据挖掘方法是基于现代科学的先驱们（如伽利略、开普勒和牛顿等）的假设，他们都声称可以通过回顾过去来预测未来。虽然这种方法在预测行星的运动方面起了很好的作用，但我们是否也应该假设：可以根据社会行为的历史数据来预测未来？

现在已经有了基于历史数据预测犯罪的算法。过去的犯罪水平，与一天中的时段、季节、天气、地点（酒吧、公交车站等附近）相关的犯罪模式，以及类似的数据可以帮助警察部门分配资源，预防潜在的犯罪。与以往一样，预测性警务（predictive policing）的目标可望是不带种族偏见并且保持客观的，但人们也有理由担心，应用算法会导致出现与安全、隐私和与公民宪法权利有关的新问题。[1] 再一次地：预测性警务所用的算法，通常情况下可以帮助分配执法资源，但它们不是消除犯罪的万应灵丹，可能会产生意想不到的后果。因德雷·兹里奥白特（Indrė Žliobaitė）是一位立陶宛数据科学家，现在供职于芬兰赫尔辛基大学，他在一份关于"有公平意识的机器学习"（fairness-aware machine learning）的立场文件中说道："通常情况下，预测性模型的优化是为了使其在大多数情况下表现良好，而并不考虑其余的不准确之处会使谁受到最严重的影响。"[2] 既然大家都知道数字的背后是一个个人及其命运，这就引发了一些棘手的问题和严重的担忧。

那些有意保持中立的算法，却给出了性别歧视或种族主义的输出，我们

1. 参阅 Andrew Ferguson. The Rise of Big Data Policing: Surveillance, Race, and the Future of Law Enforcement. New York: NYU Press, 2017.

2. 参阅 Indrė Žliobaitė. Fairness-aware machine learning: a perspective. arXiv, August 2, 2017.

都知道此类恐怖的故事，但我决定不再赘述。造成上述结果的原因之一是，机器是通过从数据中提取的实例来学习的，而由人生成的数据反映了人的偏见。因此，算法有可能会保留，甚至放大人的偏见和社会不平等。

社会科学家和计算机科学家应该合作开发一种"伦理算法"（ethical algorithms）。作为一门学科，伦理学（道德哲学）研究什么行为是"好"或"坏"（我把答案留给哲学家们）。从机器学习的角度来看，问题是如何训练算法来进行有道德的决策，从而可以对数据进行预处理，并排除不道德的数据。我们可以期待，未来将会进行很多研究，以认识构建伦理算法的范围和局限性，同时我们应该接受这样一个判断："公平"远不是一个有明确定义的概念。

算法之外：借贷圈与信用积分游戏

并非只有算法可以学习，人也可以学习。亚利桑那大学的研究人员马克·基尔（Mark Kear）描述并分析了有关移民如何学会下面两点的一个例子：（1）他们应该参与到信用评分中去，（2）他们有可能提高信用记录。[1]基尔是借贷圈（lending circle）的参与者和观察者。借贷圈是由使命资产基金（Mission Asset Fund，MAF）组织的，这是一个总部位于圣弗朗西斯科的非营利性组织，致力于帮助低收入家庭提高信用积分。在这些小组中，参与者学习报告数据的策略，以提高他们的信用度。MAF 的技术已经成功地提高了参与者的信用积分（在一个案例研究中提高了 168 分）。

并非总结的总结

正如约翰·冯·诺依曼（John von Neumann）在其论文《我们能在技术中

---

1. 参阅 Mark Kear. Playing the credit score game：algorithms，"positive" data，and the personification of financial objects. Economy and Society 46，no. 3-4（2017）：pp. 346–368.

生存吗》中所说：[1]

　　所有的经验都表明，即使是比如今更小的技术变革，也会深刻地改变政治和社会关系。它们还表明，这些变革并不能被先验地预测到，而且当前大多数关于这些变革的"初步猜测"都是错误的。基于所有这些原因，我们不应该对目前的困难过于认真，对目前所提出的改革也是如此。……一个确凿的事实是，这些困难在于，任何有益而有建设性的演变，其同时也是危险的。我们能否以必要的速度进行所需的调整？最具希望的答案是，人类以前也曾经受过类似的考验，并且似乎有先天的能力，能够在经历不同程度的困难之后挺过来。要求事先就给出完整的解决方案，那是不合情理的。我们只能列举出人类所需要的素质：耐心、灵活、智慧。

---

1. 参阅 John von Neumann. Can we survive technology?. Fortune，June 1955.

学习小结: 社会测量为什么这么难?
（但不是没有希望）

创建客观排名听起来是一项很有吸引力的目标。然而，正如我们在本章中看到的那样，至少有两个原因会使我们不能客观：无知和操纵。我们现在经常看到，低能者会高估自己，之所以如此，是因为社会心理学中所称的邓宁 - 克鲁格效应。

在社会上无处不在的不仅仅是无知，还有操纵。测量过程在任何文明中都发挥着重要作用。按照实证主义（positivism）[1]的乐观看法，测量是作出改进的第一步。社会对责任制和透明度的要求，已经使得定量指标成为评价社会机构绩效的主要工具。然而，坎贝尔定律是一个警告信号，即指标可以被（而且往往被）玩弄。"排名淘汰"和信用积分所用的算法就是很好的例子，它们说明了这些机制可以放大社会不平等。然而，我们不应该就此放弃算法，而回归到以前主观的或书面的评价。相反地，社会科学家和计算机科学家应该合作创建"伦理算法"。

现在，对于我们每个人都参与其中的排名游戏，读者已经熟悉了其可能性和困难所在。在下一章，我们将讨论这一游戏的两个重要实例：大学排名和国家排名。

---

1. 实证主义（positivism）是一种以"实际验证"为中心的哲学思想。广义而言，任何种类的哲学体系，只要求知于经验材料的思辨，都为实证主义。——译注

排名游戏

十强幻象

舍入数或左位数效应（round numbers or left-digit effects）的魔力

在"选择，游戏，法律和网络"和"无知者、操纵者，以及评测社会的难处"两章中，我们讨论了认知偏差的来源及其对我们的思想和行为的影响。由于我们所面对的信息数量巨大，而又只有有限的决策能力，所以只能使用心理上的捷径或启发式的方法（heuristics）[1] 来应付周围世界呈现给我们的信息。我们之前提到过这样一个启发式方法，就是知足，即寻求一个"足够好"而不是完美的决定。在我们的日常生活中，有许多启发式方法是我们在无意识中使用的，以弥补我们认知上的不足。从中我们将会看到人们对列表的迷恋。

我们知道，人们每天都会处理很多（一般是长长的）榜单。"财富美国500

---

1. 启发式方法是某些解决问题的方法的总称。这些方法注重实用性，不求一定找到最佳方案，只求在有限的时间范围里找到足够好的方案。——译注

强”[1]、"旅游休闲"[2] 或 "娱乐与体育节目电视网"[3] 等经常会发布对品牌的排名，这些排名会影响消费者的决策。我们也知道，人脑懂得传入信息的意义，从而可能做出购买哪种产品或支持哪支球队的决定。从我们自身的角度来看，认识到我们的脑会产生主观的分类是很重要的。在《时尚》（Vogue）[4]、《智族》（GQ）[5] 及无数其他杂志和媒体所刊出的排行榜中，已经包含了有条理的信息，但在接收到这些信息之后，我们还要在内心中对这些信息进一步分类。营销心理学这门学科，已经发展到可以精确地研究消费者如何主观地对排名榜进行分类，并据此为企业的营销决策提供信息[6]。许多科学研究都支持这样的结论：舍入数（round numbers）对我们感知数字信息的方式极为重要。

当我们看到一个项目排在第 10 位时，我们会觉得，它与第 8 位项目的距离，要比它与第 11 位项目的距离更接近。这只是营销策略师利用我们对四舍五入数字的认识偏差的一种方式，它也展示了我们的认知是如何被操纵的。

---

1. 财富美国 500 强（Fortune 500），是指美国《财富》杂志每年评选的全美最大的 500 家公司的排行榜，以公司的营业额为排名依据。第一期美国财富 500 强评选于 1955 年。——译注

2.《旅游休闲》（Travel + Leisure）是一家总部位于纽约市的旅游杂志。自 1995 年以来，每年 8 月公布其世界最佳奖。这是一项年度读者调查，对机场、城市、游轮、酒店和岛屿进行评级。其他的年度专题包括世界 500 强酒店排行榜 T+L 500，以及美国最受欢迎的城市排行榜。——译注

3. 娱乐与体育节目电视网（Entertainment Sports Programming Network，一般简称 "ESPN"）是一家 24 小时专门播放体育节目的美国有线电视联播网。最初 ESPN 也播放娱乐节目，后来全力发展体育节目。——译注

4.《时尚》（Vogue）是康泰纳仕出版公司发行的流行时尚杂志，收录时尚、生活与设计的相关内容。创办于 1892 年，现发行于 21 个国家和地区，每月一刊，中国大陆版出版于 2005 年。——译注

5.《智族》（GQ，原名 Gentlemen's Quarterly，亦即 "绅士季刊"），内容着重于男性的时尚、风格与文化，也包括关于美食、电影、健身、性、音乐、旅游、运动、科技与书籍的文章。——译注

6. 参阅 Mathew S. Isaac and Robert M. Schindler. The top-ten effect: consumers' subjective categorization of ranked lists. Journal of Consumer Research 40, no. 6（April 2014）: pp. 1181–1202.

另一个例子是，在大多数西方文化中，我们对数字信息的处理顺序是从左到右的。因此，19.99美元被认为要比20.00美元明显地小，因为我们的快速决策功能把前者最左边的"1"编码为比后者最左边的"2"要小。在我们快速做出决定后，我们脑中较慢的、分析性较强的部分才会认识到，一分之差其实根本不算什么，但为时已晚——我们早已（又一次地）沦为认知偏差的牺牲品。

不精确的信息可能比精确的信息更有效

对理性的天真信念，让我们片面地认为：我们拥有的信息越精确，就越容易认识现实的客观真貌。然而，现实未必一定如此，而营销人员长期以来一直在利用这个事实。营销人员的目标，当然是要把自己的品牌放在最有利的位置上。他们发现，让一个品牌作为"10强"之一，要比明确地把它说成是同类产品中的第9名更有效。因此，他们往往不会说出某品牌的确切排名，而只是笼统地提及他们的品牌与其他顶级品牌同属一类。例如，有研究表明，大量的MBA项目（如果你一定要更精确的信息，那就是72%的MBA项目）故意发布了与其他MBA项目相比较的不精确信息——也就是说，他们给出的只是其所在的级别，而不是确切的排名。[1]

关于认知的教训表明，你千万不要做第11名！（事实上，我曾经当过一次第11名，但那是另一本书的故事了）不过，现在我们要面对另一个有趣的情况。在高等教育界，"100强"（TOP100）也比其他数字更具有魔力。进入世界"百强"大学名单的愿望，让"世界一流"大学的概念变成了校方的明确目标。

---

1. 参阅 Mathew S. Isaac, Aaron R. Brough, and Kent Grayson. Is top 10 better than top 9? The role of expectations in consumer response to imprecise rank claims. Journal of Marketing Research 53, no. 3（June 2016）: pp. 338–353.

没人喜欢，但大家都在用：大学排名

在我们这个复杂的世界里，一个反复出现的主题是，是否有可能用单一的分数来真实地概括一个组织的业绩。综合性大学、学院等都是复杂的社会组织，它们服务于五花八门的目标，量化它们的业绩显然是一件微妙的事情。如果我们说一所大学排名第 27 位，另一所大学排名第 42 位，这究竟意味着什么？这些数字如何影响大学排名游戏中的大量利益相关者，也就是学生及其家长、招生办公室和大学管理者的决策？现在大家都热衷于大学排名，可以毫不夸张地说，每个人既在批评大学排名，又要使用大学排名。我们不仅现在，就是在将来也离不开大学排名，所以，我们能做的最好的事情，就是了解这个游戏的规则。我们必须牢记迄今为止应该已经学到的教训：排名反映出的既有真实的客观成分，又有貌似客观的虚假成分，而且它也是可以被操纵的。

虽然我们热衷于大学排名还是较近的事，但早就有人对大学进行量化分析了。1863 年，捷克布拉格理工学院（Prague Polytechnical Institute）的一位教授卡尔·科日斯特卡（Carl Kořistka）发表了一篇特别的、开创性的著作，他对欧洲主要国家的技术大学进行了分析和比较。[1]今天名为卡尔斯鲁厄理工学院（Karlsruhe Institute of Technology）的大学是德国顶尖的工科院校之一，按照科日斯特卡的分析，这所大学当时拥有约 800 名学生和 50 名教授。如果我们相信这些数字，其学生与教师的比例已经从 16∶1 降到今天的约 5∶1，因为现在这所大学有 2.5 万名学生，但却有 6000 名教职员工。有

---

1. 参阅 Carl Kořistka. Der höhere polytechnische Unterricht in Deutschland, der Schweiz, in Frankreich, Belgien und England. Gotha, 1863.

趣的是，当时卡尔斯鲁厄理工学院的外国大学生约占学生总数的60%，而柏林院校的学生中只有2%（374人中的7人）来自外国。在科日斯特卡能够找到可靠数据的院校中，学生与教师的比例往往在8∶1到18∶1之间。（科日斯特卡本人没有具体计算学生／教师的比例，可能是因为这不是当时高等教育机构的关注重点。）

詹姆斯·麦基恩·卡特尔（James McKeen Cattell，1860—1944）是一位美国教授，他通过采用实验和定量的方法，为心理学从伪科学转变为真正的科学作出了许多开创性的贡献。他受到了弗朗西斯·高尔顿（Francis Galton）等人的启发，就像我说的那样，高尔顿喜欢对一切都进行计数和测量。卡特尔受到他的启示，着手研究科学界的杰出人物。他请每个领域的一些专家给他们的同事打分，或者更准确地说，用给几颗星来表示他们的优秀程度。然后，他用星级科学家占教师总数的比例作为各机构的指标，并对结果进行排序。卡特尔的目的是为了给潜在的学生和机构提供帮助。他于1906年出版了第一版《美国科学人物》（*American Men of Science*），1944年出版了第七版[1]。卡特尔的方法表明，可以用优秀教师的数量来衡量大学的质量，这为我们思考大学排名的方式奠定了基础。在排名过程中，"杰出人士"的重要性确保了较老的私立大学要优于较新的公立大学。其他早期的大学排名系统还增加了几条标准，例如毕业生的成就，这是教学质量的一种指标，而图书馆的藏书量与学生／教师比例一起，是有关资源投入的一种指标。[2]

具有象征意义的是，我们现代人对大学排名的痴迷，以1983年《美国

1. 参阅 James Cattell. American Men of Science：A Biographical Dictionary. New York：Science Press，1906.

2. 参阅 Ellen Hazelkorn. Ranking and the Reshaping of Higher Education：The Battle for World-Class Excellence. Basingstoke，UK：Palgrave Macmillan，2011.

新闻与世界报道》(*U.S. News & World Report*,*USNWR*)[1] 刊登大学排名为代表,这标志着大众传媒进入了大学排名的舞台。*USNWR* 希望学生和家长们容易获取信息,同时希望提高杂志的知名度和收入。很快,*USNWR* 榜单就成为衡量大学声誉的标准,大学管理者将提升排名作为明确的目标(虽然他们自己不一定承认)。这场声誉竞赛上了一个台阶。

《美国新闻与世界报道》对大学排名中学校的质量和价值进行了区分。在计算最佳价值时,质量占总分 60% 的权重,获得助学金的学生数量的权重为 25%,学生的平均减免费用占 15%。为了回应批评,*USNWR* 后来改变了它的计算方法,现在它将更多客观的输入数据(资源、生源质量)与声誉的主观方面相结合。然而,如果规则老是在变,就很难进行一场比赛了。

在美国(和英国)的大学排名体系诞生之后,很多国家的大学排名体系也随之出现,而随着全球排名的出现,这场比赛也变得更加精彩。其中,最有影响力的三个全球排名是上海软科教育信息咨询有限公司("世界大学学术排名")[2]、《泰晤士报高等教育》(*Times Higher Education*)[3]、夸夸雷利·西蒙兹公司(Quacquarelli Symonds)[4] 的排名。不过,它们并不看

1.《美国新闻与世界报道》(*U.S. News & World Report*)是一本与《时代》和《新闻周刊》齐名的新闻杂志,以每年对美国大学的调查报告及排名而广为人知。1933 年创立时名为《美国新闻》,1948 年和《世界报道》合并。2010 年 11 月宣布改为纯网络运营,12 月刊后除去特刊外不再出版。杂志宣称将只关注于研究和为学生提供高等教育信息。——译注

2. "世界大学学术排名",简称"上海排名",为上海软科教育信息咨询有限公司所发表的年度世界大学排名。此排行榜原先由上海交通大学高等教育研究院的世界一流大学研究中心编制及发表,于 2003 年首次对外公布,是第一个多指标的全球性大学调查,后在学者的帮助下完善。——译注

3.《泰晤士报高等教育》(*Times Higher Education, THE*),原名《泰晤士高等教育增刊》(*The Times Higher Education Supplement, The THES*),是英国出版的一份高等教育报刊。——译注

4. Quacquarelli Symonds(简称"QS")是英国一家专门负责教育及升学就业的组织。QS 为本科生、硕士生及博士生提供多项服务,并提供海外留学的指引。——译注

重教学业绩的衡量，而是更看重高等教育机构的科研成果。

对排名的要求

透明度、责任制和可比性

公众和政客对高等教育机构的透明度、责任制和可比性的要求越来越高。[1] 排名方法学提供了一种简单而容易解释的比较方式。埃伦·黑兹尔康（Ellen Hazelkorn）在她的优秀著作《排名与高等教育的重塑》（*Rankings and the Reshaping of Higher Education*）一书中，发表了一份关于透明度、责任制和可比性的类型学（typology）[2] 工具清单。

· 资格认证：直接由政府或通过代理机构对某一高等教育机构（HEI）进行认证。确定其是否具有高等教育机构的权威性 / 认可度，并有权颁发资格证书。

· 评估、质量保证和评价：评估机构的质量，或研究、教学的质量。

· 制定基准：与同行机构的工作和业绩进行系统的比较。

· 分类和分析：用于表示多样性的高等教育机构的类型学或准则，通常是依据机构的目标和类型。

· 大学指南和社交网络：为学生、雇主、同行和公众提供有关高等教育机构的信息。

---

1. 参阅 Wendy Espeland and Michael Sauder. Engines of Anxiety：Academic Rankings，Reputation，and Accountability. New York：Russell Sage Foundation，2016.

2. 类型学是对类型的研究，或根据事物的共同特征对其类型进行系统的分类。——译注

· 排名、评分和组别划分（banding）：根据作为业绩"标准"的特
定指标和特点，对全国和全球范围内高等教育机构的业绩作出比较。

上述不同工具都有双重作用，一是反映过去的表现，二是帮助规划未来
的活动。

异质性（heterogeneity）和全面性

2011 年，马尔科姆·格拉德威尔（Malcolm Gladwell）[1] 在《纽约客》发
表了一篇题为《事物的顺序：大学排名到底告诉我们什么》（*The order of
things: what college rankings really tell us*）的文章，其中解释了大学排名的核
心内容。他描述了 *USNWR* 排名系统的演变，以及"兼顾全面性*和*异质性"
（斜体是格拉德威尔加的）的困难所在。所谓全面性，是指一个事物的几乎
所有方面都被包括进来了，而异质性则试图说明高等院校的多样性。格拉
德威尔举了一个异质性的例子：

我们若是将宾夕法尼亚州立大学（Penn Stat）与耶希瓦大学
（Yeshiva University）进行比较。前者是一所非常大型的公立大
学，其土地是由国家赠予的，学费低廉，学生群体经济多元化，位
于宾夕法尼亚州中部的乡村山谷中，以橄榄球队而闻名。后者是

---

1. 马尔科姆·提摩西·格拉德威尔（Malcolm Timothy Gladwell，1963—）目前是《纽约客》杂志
撰稿人及畅销书作家。他自 1996 年起为《纽约客》杂志执笔。他最为人所知的著作包括 2000
年出版的《引爆趋势》（*The Tipping Point*）、2005 年《决断 2 秒间》（*Blink: The Power of
Thinking Without Thinking*）、2008 年《异类》（*Outliers: The Story of Success*），以及 2009 年
《大开眼界：格拉德威尔奇想》（*What the Dog Saw*）。2011 年，马尔科姆·格拉德威尔被授予
加拿大最高荣誉的加拿大勋章（*Order of Canada*）。——译注

一所小型、昂贵的私立犹太大学，其本科课程设置在曼哈顿的两个校区［一个在中城（midtown），全为女生，另一个在远郊的上城（uptown）[1]，全为男生］，而且绝对不是以足球队而闻名。

我想从这个例子中显然可以看出，对这两个机构的比较，相比对苹果和橘子的比较还要困难得多。我们在"比较，排名，评分和列表"一章中已经看到，即使是将苹果与橘子相比较也是相当困难的。就全面性和异质性而言，在这两个特点之间必须要有一定程度的折中。因此，对大学排名是一个衡量标准的问题。那么它又是如何运作的呢？

用什么衡量排名？ 指标和权重

USNWR 排名系统曾经使用了 7 个指标和权重来给每所高校打分：

· 本科学术声誉：22.5%

· 毕业率和新生保留率：20%

· 教师资源：20%

· 学生质量：15%

· 财政资源：10%

· 毕业后表现：7.5%

· 校友捐赠：5%

---

1. 纽约的曼哈顿岛是一个南北长、东西短的狭长岛屿，其最繁华的部分都在南部的市中心区（downtown，如果从字面上翻译就是下区），岛北部的上区是经济最差的城区。——译注

"泰晤士报高等教育世界大学排名系统"（The Times Higher Education World University Rankings System）在其网站上提供如下信息：

> "提供唯一的评判研究型大学的所有核心任务的全球业绩表格，这些任务包括：教学、研究、知识转让和国际视野。我们使用 13 项经过精心校准的业绩指标，提供最全面、最平衡的比较，受到学生、学术界、大学领导、产业界和政府的信任。"

当然，也有一些设定得略显随意的权重系数。对于这些更宽泛的任务指标，这些权重的数值被设定为：

- 教学（学习环境）：30%
- 研究（数量、收入和声誉）：30%
- 引用率（研究影响）：30%
- 国际视野（员工、学生、研究）：7.5%
- 工业收入（知识转移）：2.5%

创建自己的排名

佛罗里达大西洋大学（Florida Atlantic University）法裔复杂系统和脑科学教授，聪明而有魅力的埃马努埃莱·托尼奥利（Emanuelle Tognoli）在我的博客上做了一个极好的评论：

> 在未来几十年内，我们将发展出更强大的计算能力，也许我们

会采用"**个性化排名**"（黑体是我加的），就像我们现在为"个性化医疗"所做的那样：每个人都可以根据自己的优先级，对各因素进行加权（例如，排名 =30% 教学 +……），并写出自己的方程式［或者，让网站用滑块（sliders）为他们写出来］，以得出自己独特的个性化排名。实际上，这就是我们的认知在试图用平淡的老办法来选择大学或购买新计算机时所要完成的事情。我们知道，这种老方法在处理高维状态空间时会有固有的局限性。如此一来，信息源或权威机构就要改变其角色，它们必须花更多的时间来解释为什么某些因素很重要，这样用户在调整权重时就可以做出明智的决定。亲爱的彼得，你认为如此而来的无数的排名，会像它们死板的同类产品一样成功和受到欢迎吗？它们会不会更有用？或者是没那么有用？它们将如何影响用户（比如试图找到一所好大学的我）？又将如何影响到被排名实体（那些大学）中的利益相关者？还有那些投入资源来建立这些排名的人们（比如对那些大学进行排名的《泰晤士报高等教育》）？

欧洲人被全球大学排名的早期结果震惊了，并发起了一个新项目。该项目的口号是"创造属于你自己的排名"，与埃马努埃莱的建议很接近。它旨在让学生选择对自己来说最重要的东西，不是搜寻各方面都最好的学校，而是最适合自己的学校。学生们常常不清楚自己的喜好，所以应该只需要回答比较简单的问题：我应该读什么专业？我想去哪里读书？该项目的目标是建立一个更加灵活的系统，让用户可以选择最合适的维度进行比较。它强调自身的多维度性，将研究、教学与学习、国际导向、知识转移、区域参与等各个方面融为一体。

毫不奇怪，人们对这一项目的看法褒贬不一。一些人认为，它在数据的可比性和可靠性方面存在争议。人们另外提出的主要关切是，那些指标能否针对不同机构和国家作出一致性的解释。

我们应该记住，实际上没有一个排名系统可以涵盖一所高校的所有方面。我们又一次要在主观和客观之间游走。换言之，不存在完美的、客观的排名体系。对于哪些指标是重要的，如何对现有的数据按这些指标进行加权分析，排名可谓是一种主观的意见。

再谈晕轮效应：声誉的偏见作用

每年，*USNWR* 都会向全国的大学和学院的校长、教务长和招生院长（也向某些高中咨询老师）发送一份调查问卷，要求他们按 1 至 5 分的标度给问卷中的所有学校打分。以国立大学的情况为例，要求他们对其他 261 所国立大学进行排名。

格拉德威尔用他一贯的优雅风格讲述了一个故事，它是关于法律专家们给一所并不存在的法学院排名。

在几年前，密歇根州最高法院的前首席大法官托马斯·布伦南（Thomas Brennan）向他的百余名律师同行发出了一份调查问卷，请他们按质量高低对十所法学院的名单排序。布伦南写道："其中包括了一些大名鼎鼎的学校：哈佛大学、耶鲁大学、密歇根大学。还有一些知名度差些的学校，如约翰·马歇尔（John Marshall）、托马斯·库里（Thomas Cooley）。在我的印象中，他们把宾州州立大学的法学院排到了中间的位置，也许在十所学校中排在了第五位。

当然，宾州州立大学并没有法学院。那些律师们把宾州州立大学放在了中间的位置，因为在他们的心目中，宾州州立大学是一个排名中等的学校，但事实上他们所认为的关于宾州州立大学法学院的每一个事实都纯属子虚乌有。对教育质量的正确判断必须基于具体的、难以观察的一些特点。但是，声誉评级只是由一个机构的广泛的、容易观察到的特征中推断出来的，比如说它的历史、在媒体上的知名度、建筑的优雅程度等，这些都会带有偏见。

这个例子（从普林斯顿大学到海德堡大学，类似的例子还有很多）只不过是晕轮效应的一种体现。读者可能还记得，我们的总体印象会影响到对某一具体特质的判断能力。

我想，这个故事可能有一个正面的解释。就像我们现在所看到的实际排名位数，宾州州立大学的几个法学院（事实上，现在宾夕法尼亚州立大学有两所独立的法学院）的排名都是中间的，所以专家的偏见与实际值的关联性非常好，我们也许可以把他们的判断看成是集体智慧的预测力。在全球的高等教育界里，除了比较也别无他法。自我陈述和自我评价都不能说服学生、同行和其他利益相关者。我们没有一个单一的"理想"排名系统。即使在最表观的层面，卓越的研究和卓越的教学之间也存在着二元对立。然而，潜在的学生也可能更关心当地的环境质量，而且，一个理想的大学排名体系应该逐系地（department-by-department）对教学和科研成果进行评价。

另一个广为人知的晕轮效应的例子，是德国商业杂志《商报》（*Handelsblatt*）的一项排名，在其中雇主们对商科课程进行了评分。他们给海德堡大学的打分进入了前六，该校的整体声誉比较高，但它其实并没有商科课程。

排名游戏：从反思到反应

温迪·埃斯佩兰（Wendy Espeland）和米夏埃尔·绍德（Michael Sauder）对学校排名进行了深入研究，他们在一篇后来广受引用的文章[1]和著作《焦虑的引擎》[2]中明确指出，学校排名不仅是一面被动的镜子，而且是变革的动力。一方面，排名对高等教育机构是警告信号，它向国家、机构和学者个人良好的自我感觉提出挑战。在全球化的市场环境下，最好不要采用自我评价和自我声明，而代之以正式的国际比较，其效果会好得多。另一方面，排名是反应性变革的驱动力。排名的反思机制有两种：自我实现预言和通约（commensuration）。

自我实现预言是一种自我放大的机制，即使是微小的差异也会如此。排名即使在某一年发生了很小的变化，也会影响到下一年入学申请的数量和质量。相应地，下一年学生的质量就会有所不同，而它与排名的计算存在因果关系。因此，最终可能会出现一种情况，即统计学上不显著的波动会对未来的排名产生显著的影响。旧的排名可以通过声誉上的偏见作用影响新的排名。不难想象，即使是最有经验的管理者，对其他大多数学校的了解也只不过是表面上的了解罢了。

通约是对排名产生反应的第二个重要机制。首先，把质转化为可以进行比较的量，例如成本／效益比、价格、标准化测试等，在日常生活中我们

---

1. 参阅 Wendy Espeland and Michael Sauder. Rankings and reactivity: how public measures recreate social worlds. American Journal of Sociology 113, no. 1（July 2007）: pp. 1–40.

2. 参阅 Wendy Espeland and Michael Sauder. Engines of Anxiety: Academic Rankings, Reputation, and Accountability. New York: Russell Sage Foundation, 2016.

早已知道这些东西。其次，通约是一个框架化的过程，它塑造我们关注的对象。由于人类认知能力的一个重要方面是只能注意到有限的东西，所以通约是极其重要的。参与者决定哪些内容将成为讨论的主题，而哪些内容将被忽略。布赖恩·琼斯[1]和弗兰克·鲍姆加特纳[2]在他们关于注意力政治学的优秀著作中[3]，定义了我们可以看作是两步走的过程。第一步是所谓的议题设定（agenda setting）[4]，从务实的角度说，这意味着指标的选择。那些不能被量化的性质将被忽略。第二步，通约让问题减少和简化。我们的反应总是不相称的：任何政策制定系统，都一直会有反应不足或反应过度的情况发生。例如，目前的大学排名算法往往不考虑"校园里的言论自由"、"性别中立设施的数量"等概念。

不同的利益相关者如何使用大学排名？

让我们来看两个例子。有研究者用这一问题调查了约170所欧洲大学的管理人员：在你们单位的战略中，大学排名起作用吗？答复情况如下：

· 否：39%

· 是的，我校制订了明确的国内排名目标：14%

· 是的，我校制订了明确的国际排名目标：18%

---

1. 布赖恩·琼斯（Bryan D. Jones）是美国政治学家和公共政策学者。——译注

2. 弗兰克·鲍姆加特纳（Frank Baumgartner）是美国政治学家，现任北卡罗来纳大学教堂山分校查理德·J. 理查森（Richard J. Richardson）杰出教授。——译注

3. 参阅 Bryan Jones and Frank Baumgartner. The Politics of Attention: How Government Prioritizes Problems. Chicago: University of Chicago Press, 2005.

4. "议题设定"指大众传播媒介通过报道内容的方向及数量，对一个议题进行强调。在媒体上被强调的议题，与受众心目中所认知的重要议题有显著的关联，而媒介在这个过程中起着重要影响。当媒体报道越多，大众会觉得越重要。——译注

·是的，我校制订了明确的国内、国际排名的目标：29%

我问了一组大四本科生一个问题：如何用大学排名系统选择研究生院？以下是其中的一个回答。

　　我是一名计算机科学专业的本科生，目前正在申请机器学习的博士生课程。就我个人而言，在选择要或不要申请的学校时，我大量参考了排名。我查阅了几个不同的榜单，包括美国新闻与世界报道网站（U.S. News site）上的"最佳研究生课程：人工智能"榜单。由于有几百所大学，我希望有一种方法缩小我最初的搜索范围。所以，我以这些排名榜作为出发点。我没有考虑所有的学校，而是考虑了前四十名左右。然后，我考虑了地理位置，这是更主观的，因为我的个人喜好可能不是每个人都有的（我喜欢西北太平洋地区多雨、多雾的天气）。之后，从这个缩小了的搜索范围中，我进一步挑选那些有我感兴趣的教授和研究实验室的学校。根据我的经验，这些排名可以用作满足我个人偏好的过滤器，以便能够挑选出符合我所寻找的、达到多项不同标准的学校。

该还是不该？

在世界高等教育数据库中，我们可以找到约 18 000 所高校，因而只有 0.5% 的高校能够进入"100 强"。我倾向于认为，并非"只此一家，别无分号"。虽然竞争是一种积极的推动力，但并不是说所有的大学都应该站在同一起跑线上。较新的、较小的大学，尤其是来自新兴经济体的大学，一般没有大量的资金和其他资源。这些院校想要提高排名地位几乎是不可能的。

高校当然会有各种不同的类型——比如说 *USNWR* 对国立大学、文理学院、地区性大学和学院都进行了排名。社会也需要排名居中或垫后的大学和学院。对这些院校来说，如果集中精力帮助学生获得证书和就业，而不是竭力在排名竞争中赢得更好的形象，可能对他们更有好处。我也可能是错的。

世界上真有"最好的"国家吗？

大家都知道，人类把自己组织成一个个地缘政治单位，称为国家。在历史上，人们都喜欢归属某个特定的国家，并有共同的民族认同感。同质性（homophily）是一种古老的特质：我们喜欢同相类似的人更多地相处。虽然有些人认为，国家作为民族国家的观念已经过时了，并且是冲突的根源，但国家仍然是控制民众、组织社会、管理财富分配的主要手段。现在，国家的排名和评分是由数以百计的不同组织采用大量标准创建的。亚历山大·库利（Alexander Cooley）和杰克·斯奈德（Jack Snyder）[1]在一本关于国家排名的书中[2]，确定了 95 个指数，他们用这些指数来评价和比较国家。这些指数被划分为"商业和经济"、"国家风险"、"民主和治理"、"环境"、"媒体和新闻"、"安全问题和冲突"、"社会福利"和"透明度"等类别。

其中一个版本是根据阿马蒂亚·森定义的社会福利函数（social welfare function），每年利用发达国家情报机构的数据编制一份国家排名表；另一个版本是利用国际货币基金组织和联合国的数据编制的。（回顾一下，阿马蒂亚·森的社会福利函数是以人均国内生产总值 GDP 和社会不平等指数与 1 之差的乘

---

1. 杰克·刘易斯·斯奈德（Jack Lewis Snyder, 1951—），美国政治学家，现任哥伦比亚大学国际关系学院教授，专门研究国际关系理论。——译注

2. 参阅 Alexander Cooley and Jack Snyder. Ranking the World: Grading States as a Tool of Global Governance. Cambridge, UK: Cambridge University Press, 2016.

积来计算，并以每人每年的美元数来报告的。）最近公布的名单是 2015 年的：

1. 卡塔尔，82884
2. 卢森堡，49242
3. 挪威，47861
4. 新加坡，43518
5. 瑞士，42335
6. 荷兰，34853
7. 瑞典，34443
8. 丹麦，33907
9. 德国，33719
10. 冰岛，33695
11. 美国，33260

卡塔尔拥有发达的石油开采业，石油工业占该国国内生产总值的 60%。卡塔尔人口少（但由于移民工人的涌入，人口迅速增加），因此人均国内生产总值很高。由于（年轻）男性移民造成的人口爆炸性增长，造成了极端的性别失衡：在这个拥有 250 万人口的国家里，只有约 70 万女性。许多移民参与了世界杯所需的基础设施建设，他们生活在流动工人招待所中。然而，由于基尼不平等指数（Gini inequality index）衡量的是收入不平等，而不是社会不平等，因此，卡塔尔仍高居榜首。

排名中 6—11 位的数值相差无几，具体的排序并没有太大意义。

马比牛大还是小？

费伦茨·雅诺什（Ferenc Jánossy，1914—1997），是一位出生于匈牙利传奇家庭的、工程师专业背景的经济学家［他是"西方马克思主义"哲学创始人之一的乔治·卢卡奇（George Lukács, 1885—1971）的继子］。他用匈牙利语写了一本书，名为《经济发展水平的可测性以及新的测量方法》（*The Measurability and a New Measuring Method of Economic Development Level*），它在当时对人们大有启发。雅诺什用一个关于动物比较的故事，把他的方法解释得很清楚。

最先碰到的问题是，如何定量地比较具有不同性质的对象。每个孩子都知道，大象比麻雀大。他们也会毫不怀疑地同意，牛比大象小，但比麻雀大。同时，假若按照动物的大小来排列，他们会毫不犹豫地把猫放在牛和麻雀之间。但突然间，孩子碰到了马的问题。马应该位列何处？是比牛大还是比牛小？在比较具有不同特征的对象时，排名不再那么简单，因为考虑不同的特征时，可能会得出不同的排名结果。（马要比牛高，然而马要比牛窄。）

推广上面的故事，雅诺什发现，两个对象在性质上差异越大，那么只有在数量上的差异更大时，方可得出可靠的基于大小的比较。性质上的差异限制了数量上的可比性，这就是雅诺什所说的"可比性准则"（criterion of comparability）。

显然，临界极限的高低取决于所比较的特征。（如果只根据身高进行排名，那么牛马两难的问题根本就不会出现。）然而，排名不是目的，只是一种手段，因此，不能通过改变比较的基础而使排名显得更容易。需要指出的是，对运作原则的明确定义有可能降低临界极限，但不能消除临界极限。

接下来的问题是，如何把排名转化为测量。我们如何进行量化的表述？或者说，在什么条件下我们可以定量地描述，比如说，在什么条件下可以讲瑞典比土耳其先进？如果一个特征不具备可加性（additive），或者不能追溯到某种可加性的特征，那么它就不能被测量。如果某个特征是可测量的，那么，对两个对象的比较就可以分解为两次"沿着固定标度的数值测量"，这意味着可测性的临界极限要与给出的绝对标度相匹配，也要与对象的可比较极限相匹配。如果对象的被考察特征可以沿着某个绝对标度进行测量，那么这个临界极限就可以用数值来表示。

这个例子说明，排名和评分需要有适当的方法，而各种方法都是有限度的。接受可比性极限的存在是至关重要的。

多交税，更幸福

虽然几乎有无数种方法可以对国家进行排名，但很多读者会同意我的观点，即一个国家的幸福程度是最重要的问题之一。2011 年，联合国大会发起了一个项目，试图测量成员国公民的幸福感。但是，我们如何测量一个国家的幸福感呢？这一测量方法主要是基于一个简单的任务，即在每个国家都询问相当数量的人："请想象一个阶梯，最低一阶为 0，最高一阶为 10。阶梯的顶端代表最好的生活，阶梯的底部代表最差的生活。你个人觉得你此时是站在阶梯的哪一阶上？"

2017 年联合国发布的一份报告将挪威评为世界上最幸福的国家。[读者们早已知道，鸡群中的"啄食次序"是在挪威发现的，挪威的马格努斯·卡尔森（Magnus Carlsen）的埃洛数最高。读者中的神经生物学家们一定还记得，挪威的梅 - 布里特·莫泽（May-Britt Moser）和爱德华·莫泽（Edvard Moser）获得了 2014 年的诺贝尔生理学或医学奖，因为他们发现了某些称作网格细胞的特殊类型的神经元，这类神经元负责空间信息处理。]埃尔纳·索尔贝格（Erna

Solberg）首相的反应令人瞩目："即使我们现在高居这一统计数字之首，我们也必须继续优先考虑精神卫生保健的问题。"实际上，最幸福的五个国家在统计学上并没有显著差异，它们的得分都在 7.5 分左右（挪威 7.54、丹麦 7.52、冰岛 7.50、瑞士 7.49 和芬兰 7.47）。

在 2018 年，芬兰占据了榜首，而美国在参与统计的 156 个国家中排名第18 位，比 2017 年下降了 4 位。尽管美国经济强劲，但在预期寿命和自杀率等社会指标上，美国的排名却相当差。导致排名下降的主要因素可能是鸦片类毒品危机的恶化、经济不平等的加剧以及人们对政府信心的下降。

在精神卫生保健方面的投资可能与平均幸福感相关。精神卫生保健投资的一个很好的指标，是从事精神卫生保健工作的精神科医生和心理学家的人均数量。根据这类数据，似乎在精神卫生保健方面投资较多的国家平均幸福感更高。[1] 不管你喜不喜欢，发达的精神卫生保健意味着更频繁地使用抗抑郁药，而最近有报告显示，世界上最幸福的国家中，抗抑郁药的使用量越来越多，全国自杀率也在下降。

有关幸福故事的另一面则与自杀率有关。匈牙利有着高自杀率的历史，这一点可以从一个多世纪以来的统计数字中得到证明：从 1960 年至 2000年的大部分年份，匈牙利的自杀率都是世界上最高的。[2] 我跟有些人的观点相似：匈牙利人在自我认同方面可能存在一些问题。我们有一种可以说是与世隔绝的语言，这个国家从来都不是西方国家的一员，但也失去了东方的根。不过，在过去 20 年里，情况还是有了一些改善。有趣的是，这些变化

---

1. 参阅 Giorgio Touburg and Ruut Veenhoven. Mental health care and average happiness：strong effect in developed nations. Administration and Policy in Mental Health and Mental Health Services Research 42, no. 4（July 2015）：pp. 394–404.

2. 参阅 Zoltan Rihmer, Xenia Gonda, Balazs Kapitany, and Peter Dome. Suicide in Hungary：epidemiological and clinical perspectives. Annals of General Psychiatry 12, no. 21（2013）.

与社会经济发展并没有直接关系，因为现在立陶宛和韩国的自杀率已经跻身于"领先"国家之列。

幸福与金钱

个体排名，只是反映了我们这个复杂世界的某个特定的单维度投影。如果考虑到其他的维度，那就要复杂得多。我们是否能够买到幸福，这个流行的问题可以转化为研究幸福与财富之间是否存在相关性。

所谓的伊斯特林悖论（Easterlin paradox），是以南加州大学经济学教授理查德·伊斯特林（Richard Easterlin）的名字命名的一个悖论。关于它，人们一直在争论不休。

- 在一个社会内部，富人往往比穷人幸福得多。
- 然而，富裕社会往往并不比贫困社会更幸福（或者说并不显著）。
- 随着国家越来越富裕，他们并没有变得更幸福。

经济学家贝西·史蒂文森[1]和贾斯汀·沃尔夫斯[2]发现，伊斯特林的说法根

1. 贝西·阿耶·史蒂文森（Betsey Ayer Stevenson，1971— ），美国经济学家，密歇根大学杰拉尔德·R. 福特（Gerald R. Ford）公共政策学院的经济学和公共政策副教授，曾任奥巴马政府的经济顾问委员会成员。——译注
2. 贾斯汀·詹姆斯·麦可·沃尔夫斯（Justin James Michael Wolfers，1972— ），澳大利亚经济学家和公共政策学者。他是密歇根大学杰拉尔德·R. 福特公共政策学院的经济学和公共政策教授。——译注

本就错了。[1] 他们认为，收入和幸福感之间存在着单调的递增关系。然而，这种增加不是线性的，而是对数函数（请记住，阅读这本书所需要的数学知识，只要知道对数函数的形状就行了）。你赚到的下一块钱所带来的幸福感总会变少，并逐渐饱和。在经过许多年以后（数学家喜欢把此称为渐近极限，asymptotic limit），上述悖论就变得正确了。虽然伊斯特林悖论一直受到质疑，也不一定总有数据支持，但我们应该少花点时间赚钱，而把更多的时间投入到家庭生活和身心健康上，这句话未必是错的！

按信用等级对国家进行排名：再谈客观性—主观性两难问题

我们都知道个人有信用评分，而对企业和政府则是给出信用评级。这只不过是我们使用的术语不同而已，其本质是相同的。一个国家的信用等级反映了其作为投资对象的质量，取决于其经济和政治状况。良好的信用评级会给国家带来哪些好处呢？[2]

> 许多国家依靠外国投资者购买他们的债券，而这些投资者对信用评级机构给出的信用评级有很大的依赖性。一个具有良好信用评级的国家，能够较容易地从国外获得资金，而且拥有良好的信用评级可以吸引其他形式的融资，例如外国直接投资。举个例子

1. 参阅 Betsey Stevenson and Justin Wolfers. Economic growth and subjective well-being: reassessing the Easterlin paradox. National Bureau of Economic Research Working Papers, no. 14282（2008）.

2. 参阅 Joseph Nguyen. What are the benefits of credit ratings?. Investopedia, March 6, 2018.

来说,企业想在某国开厂,可能会先看该国的信用评级,评估其稳定性,然后再做决定。

众所周知,按照外债排名,美国在各国中排名第一,其次是英国。值得注意的是,卢森堡的人均债务比其他任何国家都要大得多。卢森堡以重要的金融中心著称,所以想必该国拥有属于外国人的大量存款。

从原则上来说,评级过程应给出客观、独立的评估。如果这个过程是完全客观的话,那么只需要一个信用评级机构(credit rating agency, CRA)就足够了。但仅在美国,就有三家大机构 [惠誉 (Fitch)、穆迪 (Moody's) 和标准普尔 (Standard & Poor)] 以及许多小的机构,它们可能使用不同的数据库和(一般是不公开的)算法,因此,它们得出的结果(略微)不同。

三大著名 CRA 简史

1860 年,亨利·普尔 (Henry Poor,1812—1905) 出版了《美国铁路和运河史》(*History of Railroads and Canals in the United States*) 一书,试图收集和提供有关这类运输公司财务状况的全面资料。1906 年,标准统计公司 (Standard Statistics) 开始发布不同债券的评级。1941 年,他们合并成立了标准普尔公司 (Standard and Poor's Corporation)。他们的产品——标准普尔 500 指数,成为测量经济活动的一种股票市场指数。约翰·诺尔斯·惠誉 (John Knowles Fitch,1880—1943) 于 1913 年成立了惠誉 (Fitch) 出版公司,提供金融统计数据,以帮助投资者做出决策。1924 年,该公司推出了从 AAA 到 D 的评级体系,成为了债券评级的行业标准 [1]。约翰·穆迪 (John Moody,1868—1958) 及其公司在 1900 年第一次出版了《穆迪手册》(*Moody's Manual*)。穆迪投资者服务公司

---

1. 参阅 Denise Finney. A brief history of credit rating agencies. Investopedia, June 4, 2018.

（Moody's Investors Service）几乎对所有的政府债券市场进行了评级，如今已成为一个全方位的评级机构。

"Quis custodiet ipsos custodes？"这句拉丁语的字面意思是："谁来守卫卫兵？"一个自然而然的问题是，谁来评定信用评级机构？[1] 1975 年诞生了"国家认可的统计评级组织"（nationally recognized statistical ratings organizations）这个称呼。投资者需要更可靠的信息来帮助他们决定如何配置资源，这种需求导致了信用评级行业的巨大发展、扩张和影响。2006 年的《信用评级机构改革法》（The Credit Rating Agency Reform Act）允许主要监管机构——证券交易委员会（the Securities and Exchange Commission）对内部信用评级流程进行监管。CRA 在 2008 年的金融危机中发挥了至关重要的作用，具体内容远远超出了本书的范围。我从迈克尔·刘易斯（Michael Lewis）[2] 的畅销书[3]中得到的教训是"赌博和投资之间的界线是人为设定的，而且很不分明"。

对信用评级机构主观性的批评

信用评级机构也提供咨询服务，这显然是评级结果中可能存在偏见的一个明显信号。（还记得狼的故事吗？"狼"自命为其他动物的审判者，它的判决决定了其他动物的生死！）信用评级机构一直被指控评价结果有失偏

1. 参阅 Who rates the credit rating agencies?. Quora, accessed February 10, 2019.

2. 迈克尔·门罗·刘易斯（Michael Monroe Lewis, 1960—），美国当代报告文学作家、财经记者，他所写的畅销书《老千骗局》和《将世界甩在身后》同被《福布斯》评为"20 世纪最具影响力的 20 部商业书籍"。目前他是《名利场》的特约编辑。——译注

3. 参阅 Michael Lewis. The Big Short: Inside the Doomsday Machine. New York: W. W. Norton & Company, 2011.

颇，且违反了客观性原则。[1]一般来说，评级机构均否认存在任何利益冲突。他们表示，评级机构的评级决定不是由个人作出的，而是由委员会作出的，而且分析员并没有根据他们所作的评级获得任何报酬。

现在评级机构使用数学模型，而模型的具体细节并没有完全公开。我们都知道，模型是建立在人为假设的基础上的。此外，任何模型的结果都可以被人为地推翻（这些人可能组成一个"评级委员会"，其活动是保密的）。为了使评级手续更加透明，《多德 - 弗兰克华尔街改革和消费者保护法》（Dodd-Frank Wall Street Reform and Consumer Protection Act，2010）要求信用评级机构披露其方法。虽然该法的一些条款后来被废除或修改，但其中许多与信用评级机构监管有关的部分仍保持不变。[2, 3]因此，我们有一个问题：谁应该有最后的发言权，是人还是计算机？

客观的算法与主观的利益冲突

我们又遇到了两难问题：主观信用评级和客观信用评级有什么区别？主观信用评级是一个人或是一个信用评级机构的观点。它反映的是某位分析师及其机构的专有算法的专业知识。而客观的信用评级则是基于开放的数据库和开源算法。

如果信用评级机构真的是客观的，那么就不需要多家机构，也不会有不同的评级结果。如果只有一个这样的评级，信用评级机构就不会有那么多

---

1. 参阅 Patrick Bolton，Xavier Freixas，and Joel Shapiro. The credit ratings game. National Bureau of Economic Research Working Papers，no. 14712（February 2009）.

2. 参阅 Alice M. Rivlin and John B. Soroushian. Credit rating agency reform is incomplete. Brookings Institution，March 6，2017.

3. 参阅 Aaron Klein. No，Dodd-Frank was neither repealed nor gutted. Here's what really happened. Brookings Institution，May 25，2018.

的收入，而且这唯一的评级机构将提供公开的、一致的准则，任何人都可以只使用依据这些准则产生（客观）的评级。

不愉快的反应

印度与惠誉有一场战斗，自 2006 年以来，惠誉每年都拒绝提升印度的信用评级。由于印度最近试图吸引更多的外国投资，因此，印度对信用评级被评为"一般"感到非常痛苦。

欧洲人普遍认为，信用评级机构"三巨头"偏袒美国。美国在赤字不断增加、公债水平居高不下的情况下，仍能保持 AAA 评级。但 2011 年 8 月，标准普尔公司将美国的信用评级下调至 AA+，这在历史上还是第一次。另外两家机构仍给予美国最高的信用评级，但标准普尔在 2018 年再次给美国 AA+ 的信用评级，反映了对其未来两年内所预期的正面和负面因素之间平衡的判断。

该还是不该？

尽管人们对信用评级的优劣争论不休，但信用评级仍是国际金融体系的一个重要方面。本书的意见与外交关系委员会（Council on Foreign Relations）[1] 的塞巴斯蒂安·马拉比 [2] 的评价是一致的。[3] 他认为，对抗三大巨头垄断力量的最好办法就是投资者不要再把他们的评级看得太重："次贷泡沫

---

1. 外交关系委员会（Council on Foreign Relations，CFR）是美国一个专门从事外交政策和国际事务的非营利、无党派的会员制组织、出版商和智库。它被认为是美国最有影响力的外交政策智库。——译注

2. 塞巴斯蒂安·马拉比（Sebastian Mallaby，1964— ），英国记者和作家，外交关系委员会（CFR）国际经济高级研究员，《华盛顿邮报》特约专栏作家。曾任《金融时报》特约编辑，《华盛顿邮报》专栏作家和编委。——译注

3. 参阅 The credit rating controversy. Council on Foreign Relations，February 19，2015.

之所以会发生，或者说欧洲主权债务危机之所以会发生，很大程度上是由于盲目的投资者依赖评级买入债券，他们'没有做'自己的功课，不知道这些债券的真正信用风险是什么。"

学习小结: 游戏还没有结束

我们采用指标来衡量从学校到执法部门再到卫生保健组织等一切机构的绩效,关于其使用范围和局限性的争论一直不断。虽然数字数据容易被篡改或扭曲,但这并不意味着就应该放弃使用数据集来改善社会项目和机构的希望。

虽然增加利害攸关的考试自然地会增加应试者的作弊行为,但这并不意味着需要采用更主观的方法来评估学生的进步,从而取代那些考试。此外,排名算法使用一些"内置"数字来反映相关因素的权重。不同的权重会导致不同的结果,我认为,根据用户设定的权重进行"个性化排名"可以帮助所有的利益相关者。

现在,有数百个不同的组织采用了大量的评判标准,对世界各国进行排名和评分。但游戏还没有结束,我们都在为维护自己的名声而斗争,这一点我们将在下一章中讨论。

为声誉而战

从"我不在乎我的名声"到声誉管理

声望是对艺术家、歌手、科学家等进行排名的关键因素。在本章一开头，我本来并不一定要讲关于声誉在流行文化中的作用的故事。但是，最近的新闻让我忍不住要在这里讨论泰勒·斯威夫特（Taylor Swift）[1]正在进行的"声誉"巡演，我觉得这很有意思。

名誉在流行文化中的重要性大为增强，这是由于互联网的存在，以及由此我们具有的在社交媒体平台上向朋友和陌生人播报生活信息的能力。我们小心翼翼地展示自己的最佳形象，但我们也可能会受到他人的审视，无法控制别人对我们的评价，而这可能变得比我们的自我评价更加重要。

最近，泰勒·斯威夫特的专辑《声誉》（*Reputation*）一炮走红，这是数字时代下我们声誉的重要性和不可控性的完美缩影。《声誉》诞生于她与流行

---

1. 泰勒·艾莉森·斯威夫特（Taylor Alison Swift, 1989— ），是一名美国创作歌手、音乐制作人、慈善家、导演及演员。——译注

音乐明星、说唱歌手坎耶·奥马里·韦斯特[1]之间的一场口水战，讲述了网络上许多人对斯威夫特的不断否定，以及随之而来的对她声誉的损害，并试图说明声誉是可以被伪造和误导的。

斯威夫特用类似于"我的名声从来没有这么差过，所以你一定是因为喜欢我这个人才喜欢我"这样的歌词，道出了每个人每天都会面对的公共角色和私人角色之间的区别。斯威夫特作为一个艺术家的声誉决定了她是名流，因此与大多数人的声誉有着本质上的区别，但她希望唤起人们对声誉被误导或被操纵（尤其是在网络上）的方式的关注，这为我们在本书中反复遇到的主观/客观的两难问题提供了一个生动的例子。在 2018 年国会中期选举期间，斯威夫特也在政治头条上引起了关注，如"在泰勒·斯威夫特支持民主党之后，保守派转而对泰勒·斯威夫特进行了抨击"。这里还有一个量化的结果："在她公布政见之后，特朗普'对泰勒·斯威夫特的喜欢减少了 25%'。"

当我问我们家的朋友和前同事胡迪特·森特关于"声誉"一词在这些歌曲中的作用时，她回信说，她从 1981 年起就更喜欢琼·杰特（Joan Jett）[2]《坏名声》（*Bad Reputation*）中的歌词——"我才不在乎我的名声"（I don't give a damn' bout my reputation）。

我对"声誉"这个概念在摇滚音乐中扮演着如此重要的角色有些惊讶，但对在巴黎工作的意大利哲学家格洛丽娅·奥里吉（Gloria Origgi）所提出并回答的下列问题，却并不那么惊奇了：

　　拥有好声誉意味着什么？当我们失去了声誉，我们会失去什

---

1. 坎耶·奥马里·韦斯特（Kanye Omari West, 1977— ），美国饶舌歌手、音乐制作人、词曲作家和歌手。——译注

2. 琼·杰特（Joan Jett, 1958— ），美国著名艺人，知名摇滚吉他手兼主音、作词家、作曲家、唱片制作人与女演员。——译注

么？[1] 我们的性格和行为塑造了我们的声誉，而声誉也是货币的一种形式。我们的声誉决定了其他人是否会对我们进行投资，是否向我们购买，是否给我们奖励。

是谁决定我们的声誉？

你有多少朋友？尽管脸书可能表明我们有许许多多朋友，但是我们不可能有一千位朋友。我们甚至不可能拥有一千位关系比较密切的熟人。英国人类学家罗宾·邓巴[2] 曾估算过，我们能与之形成稳定的社交关系的人数是 150 个，更准确地说是在 100 到 200 个之间。当我开始创建我的博客 aboutranking.com，并搜索我的电子邮箱，以确定我可以轻易地邀请哪些人关注我的网站时，我震惊了。这个数字是 149（嗯，其中只有 60 位好心地按下了"关注"按钮）。他们是知道我的一些特点和行为的人，所以我的名声是基于他们对我的活动的认知。但从广义上讲，我的口碑是除了我自己之外，其他所有人的集体意见。

我们大多数人都知道，建立声誉需要时间。而我们所有人都知道，毁掉一个好名声却只要一瞬间就够了。据传是沃伦·巴菲特的一句话："建立声誉需要二十年，而毁掉声誉只要五分钟。如果你想到这一点，你的行事就会不一样了。"不幸的是，即使是恶意的流言蜚语，也足以毁掉一个人的名声。

---

1. 参阅 Gloria Origgi. Reputation：What It Is and Why It Matters. Princeton，NJ：Princeton University Press，2018.

2. 罗宾·邓巴（Robin Dunbar, 1947—）是英国人类学家和进化心理学家，也是灵长类动物行为学专家。他最著名的成果是制定了邓巴数，即对"任何一个人能够与之保持稳定关系的个体数量的认知极限"的测量。——译注在朋友中拥有良好的声誉可能会有所帮助，因为他们可能会在你不知情时为你辩护。

传统的声誉构建机制是有层次的。你的名声首先出现在最亲近你的那一层，然后出现在你的朋友中，进而抵达较远的认得的人，之后到你的朋友的朋友的朋友等。现代媒体的传播方式产生了其他的机制，使得一夜成名成为可能。

我最近喜欢的一个一夜成名的例子是巴迪·温克尔（Baddie Winkle），她的曾孙女在照片分享应用网站 Instagram 上贴出她的照片后，这位曾祖母征服了网民的心。她现在有数百万粉丝。当然，一夜成名并不必然意味着享有（正面）声誉。声誉是关于一个人的价值及其活动的社会信息。比如说，人们做生意，要想把自己值得信任这一点传达给客户，就必须要有一个好的口碑。光是诚实是不够的，还必须在别人眼里你也是诚实的。（我内心的愤世嫉俗告诉我，虽然你需要被别人看成是诚实的，你其实也不一定真要诚实。）

从间接互惠到合作的演变

在进化论中，声誉被假设为解决与人类合作相关的社会问题的重要因素。自然选择（一种自发机制）是否足以从自私主体的互动中发展出合作的道德规则？政治学家罗伯特·阿克塞尔罗德[1]对这个问题进行了多年的研究。[2]他立论的出发点是：（1）生物进化成功地利用了利他主义；（2）遗传算法成功地利用了进化原理。

---

1. 罗伯特·阿克塞尔罗德（Robert Axelrod，1943— ），美国政治学家。自 1974 年以来，他在密歇根大学任教，研究领域主要为公共政策。——译注

2. 参阅 Robert Axelrod. The Evolution of Cooperation. New York: Basic Books, 1984.

　　自然选择通常被认为是偏向于强者和自私的人，他们使自己的效用函数最大化。但人类社会（希望如此）是建立在利他主义、合作性的相互作用之上的。导致原本自私的人合作的一种机制是间接互惠（indirect reciprocity）。与直接互惠相反，它将最基本的步骤（"如果你帮我挠背，我就也帮你挠背"）改为"我帮你，别人帮我"的过程。间接互惠导致了声誉的建立，而进化博弈论认为，间接互惠可能是利用增强声誉来实现社会规范的进化机制。与名声好的人合作，相比与名声不好的人合作更容易。声望有助于在人与人之间建立信任。

　　正如在"动物和人类社会中的社会排名"一章中提到过的，马丁·诺瓦克和卡尔·西格蒙德[1]提出了一个数学模型，表明即使受援者没有机会回报援助者，也有可能出现合作。这是因为帮助会提高声誉，而声誉又反过来使人更有可能得到帮助。间接互惠被建模为两个随机选择的参与者之间的非对称互动。这种互动是不对称的，因为其中一方是"提供方"，可以决定是否合作，另一方是被动接受者。然而，这个决定的结果并不限于一隅之地，而是会被一部分人观察到，并可能会传播这个信息。因此，决定合作可能会增加一个人的声誉，那些被认为乐于助人者也可能更有机会获得帮助。要想计算间接互惠当然并不容易。一个合作的提供方愿意与一个合作者合作，而不愿意与一个忘恩负义者合作，可以确定某人的声誉的概率 q，应该大于该利他行为的成本/收益比：$q > C/B$。

---

1. 参阅 Martin A. Nowak and Karl Sigmund. Evolution of indirect reciprocity. Nature 437,（October 2005）: pp. 1291–1298.

声誉游戏

本章剩下的部分都是关于我们所玩的声誉游戏。我们中的有些人情愿采取"我才不在乎我的名声"的态度。内向的隐士不一定想把时间花在交际上，以图提高自己的声誉。在我们这个以成功为导向的社会里，一个可能的策略是，力图在内心的平静与争取好名声和外在的成功之间保持平衡。艺术家、科学家、小公司和大公司都在争夺声誉。你的声誉有三个不同的维度：你是谁，你说你是谁，别人说你是谁。第一个维度描述了你的个性和身份；第二个维度反映了你的沟通策略，表达了你希望被人看成的样子（就像猫说的"我希望被人看成是狮子"一样）；第三个维度说的是其他利益相关者如何参与到游戏中来，他们是如何描述你和你的活动的。游戏的规则往往是隐秘的，我们总会有点拿不准我们到底该不该玩这个游戏。我们究竟应该对追求声誉适可而止呢，还是应该不惜一切代价？下面我们就来看看一些细节吧！

数字声誉

在互联网时代，我们有数字声誉（digital reputations）。我们的声誉有些是用数字来表达的，而我们整本书就是要讨论客观性的真实性、假象和操纵。我的一位同行（上面说的149人之一）有四万多条科学引用。他不需要任何操纵，他在非数字声誉和数字声誉方面都有不俗表现。当我请他关注我的网站时，他回信说："你的新项目听起来很有趣。我不写博客，不发推特，不发微博，也不发脸书等，但如果你想发一些东西，我很乐意发表评论。"

　　好吧，我的这位同行是我这个年龄段的人，但是千禧一代的人又会怎么样呢？社会学家埃斯特·豪尔吉陶伊[1]对千禧一代的网络技能进行了研究。[2]她的研究结果证实了我们很多大学教授在课堂上看到的情况：学生之间存在明显的异质性。学生们的社会经济地位和他们建立自己的数字声誉的技能之间似乎有一定的关联，有很多学生的唯一技能水平就是能够在脸书上发帖，而没有去想这个帖子会对自己的形象产生怎样的影响。有必要告诉学生们数字声誉是重要的，同时也可以教会他们如何在网上建立个人或商业声誉。我希望，"诚实"真的能够成为建立网络声誉的重要组成部分。[3]2015年，亚马逊起诉了收钱为卖家产品发布虚假五星好评的1 114个人；在接下来的几年里，该公司起诉了更多购买虚假好评的卖家。个人、品牌和公司如果不建立起自己的数字口碑，那就不能在争夺资源（如工作、伴侣、市场份额）方面取得成功。在求职或在网上为公司建立正面形象时，良好的数字声誉有助于我们在人群中脱颖而出。现在大家都知道，人力资源经理在招聘过程中会搜索求职者的数字声誉。以下是人力资源经理在拒绝应聘者之前可能需要考虑的项目清单（没有进行排序）：[4]

---

1. 埃斯特·豪尔吉陶伊（Eszter Hargittai，1973— ）是传播研究学者，苏黎世大学教授。她的研究重点是信息技术对社会和政策的影响，特别关注信息技术如何促进或缓解社会不平等。她研究了人们的网络使用技能的差异、搜索引擎的演变等。——译注

2. 参阅 Eszter Hargittai. Confronting the Myth of the "Digital Native". Chronicle of Higher Education, April 21, 2014.

3. 参阅 Susan Gunelius. 10 ways to successfully build your online reputation. Forbes, December 13, 2010.

4. 参阅 What is the digital reputation? Social Digital Mentors, accessed February 10, 2019.

- 对候选人的生活方式的关注

- 候选人写的不恰当的评论和文字

- 不适当的照片、视频和信息

- 亲朋好友写的不恰当的评论或文字

- 对前雇主、同事或客户的批评意见

- 同事或工作上的熟人写的不当评论或文字

- 在某些团体和网络中的成员资格

- 发现候选人提供的信息是假的

- 网上显示沟通能力差

- 对候选人的财务背景的关注

声誉的衡量

卢·哈里斯（Lou Harris，1921—2016）提出并应用了衡量公众意见的方法。他不仅尝试衡量选民和消费者的"社会温度"，而且还提出了关于候选人应该如何将注意力转向对选民利益攸关的问题的沟通策略。

广为人知的是，他曾在 1960 年的总统竞选中，担任约翰·肯尼迪竞选团队的竞选策略师。他的公司，也就是现在的哈里斯民意调查公司（Harris Poll），提出了"声誉商数"（Reputation Quotient，简称"RQ"）的概念，将企业的声誉进行了量化，并以这个分数作为每年 100 家最受关注的公司的排名依据。RQ 基于企业声誉的六个维度（情感诉求、产品与服务、愿景与领导力、工作场所环境、财务表现、社会责任），并由此选出 20 个变量。排名过程包括提名阶段和评分阶段。在提名阶段，通过询问几千名（2017 年为4244 名）美国成年人，确定最优的 100 家企业，而在评分阶段，有 25800 人参与。一如既往地，会有一些任意选择的因素被用来计算得分。RQ 的最高得分是 100 分。我们最终看到的是，从人们对企业质量的看法中得出了一个分数。为了方便读者理解这些数字，我们用言语转换一下表述。实际的 RQ 表现划分如下：

> 80 分及以上：优秀
>
> 75—79 分：非常好
>
> 70—74 分：好
>
> 65—69 分：一般
>
> 55—64 分：差
>
> 50—54 分：很差
>
> 50 分以下：极差

亚马逊连续三年（2016—2018）在哈里斯民调 RQ 中排名第一，但有一个新现象正在出现："超市是企业声誉的新超级明星。"如果你对判断社会政治气氛的变化把握不准，你去当地一家你熟悉和信任的杂货店看看，就会更有信心，虽然它同时为民主党人和共和党人服务。2018 年，有四家连锁杂货店（Wegman's、HEB 杂货店、Publix 超级市场和 Aldi）进入了 RQ 的 10 强榜单。两家科技巨头公司在同一年落榜，因为与往年不同的是，他们没能发布一款富有煽动性的新产品。有耐心的读者都知道，这类测评都含有主观因素，所以有不同的方法和结果。与 RQ 把亚马逊评为第一的结果不同，福布斯报道称，声誉研究所（Reputation Institute）的分析宣布劳力士是过去三年的领头羊。这家瑞士制表商将不变和变化的形象结合在一起：不变，是因为新产品的外观与 50 年前生产的同类产品没有明显的区别；而变化，则是因为该公司一直是创新的先行者。除其他方面之外，该公司还以开发了世界一流的防水腕表和第一款自动更改日期的腕表等而著称。

现在，我们将把话题转到追逐声誉的人群：科学家和艺术家。这两个群体的人都玩排名游戏，我们现在就来作一概述。

科学家们玩的排名游戏

给科学期刊打分

出版过程

众所周知，科学家要在科学期刊上发表研究成果。诺贝尔奖获得者、晶体管的共同发明人威廉·肖克利（William Shockley，1910—1989）对我们如何看待科学生产力的影响进行了分析，并带来了革命性的观念变化。[1]肖克利解释说，要想发表论文，必须做到如下八点：（1）有能力选择一个合适的问题进行研究；（2）有能力去研究这个问题；（3）有能力识别一个有价值的结果；（4）有能力在适当的地方让研究告一段落，开始准备手稿；（5）有适当地表述结果和下结论的能力；（6）能从对该研究有共同兴趣的人的批评中获益；（7）有完成并投稿发表的决心；（8）积极回应评审者的批评意见。

据了解，《皇家学会哲学汇刊》[2]是英国第一份纯科学的期刊。科学成果

---

1. 参阅 Elliott W. Montroll and Michael F. Shlesinger. On 1/ f noise and other distributions with long tails. Proceedings of the National Academy of Sciences of the United States of America 79, no. 10（May 1982）: pp. 3380−3383.

2.《皇家学会哲学汇刊》（*The Philosophical Transactions of the Royal Society*，缩写为 *Phil. Trans.*）是一本由英国皇家学会出版的科学期刊。它始创于 1665 年，是世界上最早专注于科学的期刊。因为该期刊在创办以来一直在持续出版，该期刊也是世界上运营时间最长的科学期刊。期刊标题中的词语"哲学"（philosophical）源于"自然哲学"（natural philosophy），也就是现在所说的科学（science）。——译注

并非一下子就能搞懂，所以一个自然而然的问题也随之而来。期刊编辑如何确保发表的是原创论文，包含真实而有意义的结果？现在的学术期刊大多是由商业性的学术出版社出版，他们实行"同行评议"制度来保证论文的质量。

其出版过程相当复杂。学术期刊一般都有一位主编，她首先接收该期刊的所有投稿，并将稿件分配给该期刊的几十位编委。负责的编委一般会指定两名适当的审稿人，由他们提出期刊的回复意见（"接受"、"修改"或"拒绝"一般是主要的回复类别）。同行评审制度是建立在一个道德假设的基础上，即审阅论文是一项有荣誉的工作。但现在不一定是这样了。现在的人都很忙，读者都知道，现在越来越难找到愿意花时间审阅别人论文而没有任何回报的人。通常论文要根据审稿人的建议进行修改，如果最后编辑满意，论文就会被录取。当论文被录取时，单纯的科学家会因为与审稿人的长期斗争结束了而感到高兴，她的论文将被发表，她的名声也会得到提高。科学家在申请博士、基金、晋升等方面，靠的都是自己的职业声誉。

论文被录取后，她会收到出版商的一封来信。现在一般来说，信中提到的选项有两种：

1. 出版社将文章印刷出来（有的期刊最近连打印都不要，直接上传到期刊的网站上就可以了）。科学家把版权卖给了出版社，因此出版社就拥有了她的作品。这意味着，出版社保留了论文的销售权，作者不会得到任何收益。

2. 作者有权付钱给出版社，让出版社印刷/上传她的作品，然后公众可以免费下载。这个选项被虚伪地称为"开放获取"。

整个出版系统正处于危机之中，虽然免费获取是未来的趋势，但谁来买单还不清楚，因为大家都听到过"天下没有免费的午餐"这句大实话。

按引用率带来的声誉

我们这些不那么精英的科学家们痛苦地知道，许多论文即使被引用，其次数也很少，只有小部分论文获得了广泛的引用。对《物理学评论》[1]上发表的论文（1893 年 7 月至 2003 年 6 月，共 353 268 篇，被引用 3 110 839 次）的分析表明：[2]

- 11 篇论文引用次数大于 1 000
- 79 篇论文引用次数大于 500
- 237 篇论文引用次数大于 300
- 2 340 篇论文引用次数大于 100
- 8 073 篇论文引用次数大于 50
- 245 459 篇论文引用次数少于 10
- 178 019 篇论文引用次数少于 5
- 84 144 篇论文引用次数为 1

因此，我们可以看到，引用量的分布是非常偏斜的，仅有 11 篇论文的引用量超过 1 000 次，而绝大部分论文的引用量不到 10 次。从技术上讲，引用率（某一篇文章被他人引用的引用率，而不是指这篇文章引用他人文章的引用率）可以用从文章发表到被引用的年头的幂律分布（power-law age

---

1.《物理学评论》（*Physical Review*，简称 *Phys. Rev.*），为美国的一个学术性期刊，创办于 1893 年。该杂志刊登物理学各方面的最新研究成果以及科学评论等文章。该杂志由美国物理学会出版发行。——译注

2. 参阅 Sidney Redner. Citation statistics from 110 years of Physical Review. Physics Today 58, no. 6（June 2005）: p. 49.

distribution）来描述。

引用、影响因子和声誉

科学论文需要引用以前的研究成果。（正如牛顿的名言："如果说我看得更远，那是因为我站在了巨人的肩膀之上。"）科学期刊有几千种之多，当然，无论在主题或声誉上，它们之间都彼此不同。尤金·加菲尔德[1]是科学传播与信息领域的先驱者。1955年，他发表了一篇论文，提出了科学活动中的引用指数[2]。加菲尔德通过引入影响因子（impact factor，IF）的概念，创造了一种表征科学期刊效率的指标。他把IF定义为某一期刊最近发表的文章被引用次数的平均数。IF是一个分数，其中，分子是某一期刊前两年发表的文章在本年度的被引用次数，分母则是该期刊这两年发表的实质性文章和评论的总数。两年的选择是一种折中，既要重视快速变化的领域，又要衡量历史的影响。IF主要用来比较"同一学科"中的期刊，举例来说，数学家和细胞生物学家引用他人文章的文化非常不同，所以任何直接的比较都是没有意义的。研究人员争相在更有影响力的"高影响因子"期刊上发表论文，以此来提高自己的声誉。在决定终身聘用、晋升和资助时，候选人发表过论文的期刊的IF是一个指标。在学术界，每个人都知道有这样的故事：仅仅因为个人发表的学术期刊的IF值过低就被拒绝授予终身职位。

近几年来，反对这种做法的意见开始浮出水面。《旧金山研究评估宣言》（*The San Francisco Declaration on Research Assessment, DORA*）打算停止将期刊

---

1. 尤金·加菲尔德（Eugene Eli Garfield，1925—2017）是美国语言学家和商人，书目计量学和科学计量学的创始人之一，他帮助创建了 Current Contents、Science Citation Index（科学引文索引，SCI）、Journal Citation Reports（期刊引文报告）和 Index Chemicus 等，并创办了《科学家》（*The Scientist*）杂志。——译注

2. 参阅 Eugene Garfield. Citation indexes for science: a new dimension in documentation through association of ideas. Science 122, no. 3159（July 1955）: pp. 108-111.

的影响因子与某个科学家的贡献的优劣挂钩的做法。DORA 认为，这种做法在评价科学研究时造成了偏见和不准确。DORA 还指出，不能只用 IF 来"衡量个人研究文章的质量，也不能只用它来决定是否聘用、晋升或资助"。

在《纽约时报》的一篇精彩文章中，艾米·秦（Amy Qin）解释了博取科学声誉如何成为科学家们发表研究成果的重要动力。量化指标，特别是影响因子在科学家职务晋升中起着主要作用。2017 年 6 月，某大学的研究人员在学术期刊《细胞》（*Cell*）（这份杂志的影响因子高达 30）上发表了一篇论文后，获得了约 200 万美元的资助。我愿意相信，这样一份当之无愧的、长期以来声誉卓著的期刊，它的同行评审制度仍然可靠。（我们这些 IF 值低得多的期刊编辑们，很清楚找到可靠的审稿人有多难。）

我请教了一位神经网络界的同行，来自上海的黄德双[1]，他的意见是：

> 关于排名，我愿与你分享一下我的一些想法。在中国，候选者所发表的论文的影响因子对其职务晋升、基金资助等确实很重要。因为由此可以看出候选人是否有能力获得学术上的提升或相关领域的专家资质，排名可以提供参考标准。很多国家都发生过一些造假丑闻，如美国、日本等。有人可能会问，中国的造假现象是否真的更多，还是说只是西方人的偏见？在我看来，中国的网络媒体发展很快，网民的规模非常大。所以，一旦出现造假丑闻，就会立刻传遍天下。这并不代表丑闻在中国经常发生。我认为这是一种片面的看法。可能有人会认为被揭露的学术欺诈（也就是丑闻）的后果，在中国比在美国要小得多。但在我看来，这在中国明显是不可能的。如

---

1. 黄德双，1964 年 1 月生，工学博士，同济大学特聘教授、博士生导师，中国科学技术大学博士生导师，同济大学认知互联网国际合作联合实验室主任，机器学习与系统生物学研究所所长。——译注

前所述，中国有一个巨大的、发达的互联网社交媒体。一旦丑闻被揭穿，其后果是非常严重的，无法弥补的。

坏消息是，整个世界范围内的造假手段越来越高明。或许，禁止那些伪造科研成果的个人或组织在若干年内参与科学游戏会有一定的威慑力，但我可能还是太乐观了。

我们（不）信任的指标

现在 IF 似乎是一个正在淡出的超级明星。一如往常，人们已经定义出其他指标来描述期刊的声望。这种声望至少要考虑到两方面的因素，并把它们结合起来：一是被引用的次数，二是引用者的声誉。当然，被引用的次数越多，声望就越大。然而，与佩奇排名（PageRank）算法类似，一种新的度量学术期刊的科学影响力的方法——SCImago 期刊排名（SCImago Journal Rank）[1] 也考虑了来自于更重要的期刊的引用，会带来更多的声望。

用功的读者一定还记得坎贝尔定律，这条定律非常重要，我在这里重复一下。"任何量化的社会指标，当在社会决策中使用得越多，就越容易受到腐败压力的影响，从而越容易扭曲和腐蚀它所要监测的社会进程。"因此，一些主编可能会试图通过要求其编委们完成某些具体任务来操纵期刊的威信指标。主编可能会给编委们写这样的信：

> 编委会对各位编委的具体要求如下：
> · 每年至少向本刊投稿一篇高质量的论文。

---

1. SCImago 期刊排名（SJR 指标）是衡量学术期刊的科学影响力的指标，它既反映了期刊的被引文数量，也反映了这些被引文的期刊的重要性或声望。期刊的 SJR 是一个数值，表示该期刊前三年内每篇论文在某年内的加权引文的平均被引次数。SJR 值越高，表示期刊的声誉越高。——译注

- 每年至少审稿一篇。

- 作为同领域其他期刊的审稿人或编辑，推荐相关作者在工作中引用本刊论文。

- 每年至少在自己的刊物上引用本刊论文 5 篇以上。

- 对本刊进行其他必要的曝光、宣传和推荐。

这是个人品位的问题，也是个人选择的问题。我认为任何对 IF 的操纵都是不健康的。我喜欢《研究政策》（*Research Policy*）杂志的一篇社论，其作者是英国苏塞克斯大学的科技与政策研究教授本·马丁（Ben Martin）。我自己的观点和他的下述结论相近："在规则不明确或不存在的情况下，确定特定的编辑行为是否合适的唯一方法，就是将其暴露在公众的监督之下。"[1]

另一种新兴的替代指标是 Altmetrics。这个指标是基于以下假设的：即便是在线反映，如新闻文章、博客文章、推文，以及脸书、领英（LinkedIn）[2]、红迪（Reddit）、谷歌 +[3] 的帖子，对期刊或文章的声誉也很重要。你早就知道我要问的是：要如何、如何、如何计算分数，才能既考虑到不同的因素又兼顾到网络资源？主观的、随意的因素体现在什么地方？你早就知道答案了：主观性的一个重要来源在于对每个因素的权重选择上。我们很容易相信，一份报纸上的报道相比朋友的一条推文更容易引起对研究活动的关注。目

---

1. 参阅 Ben Martin. Editors' JIF-boosting stratagems: which are appropriate and which not?. Research Policy 45, no. 1（February 2016）: pp. 1–7.

2. LinkedIn，是一款近似脸书的社交网络。完成注册后，会自动产生和带入电子名片。专门为商业人士设立。——译注

3. Google+（Google Plus，简称"G+"或"GPlus"）是谷歌公司推出的社交网站与身份服务。除社交网站身份外，谷歌也将 Google+ 视为其旗下众多服务之间社交层面的补强，这与传统社交网站仅能登录单一网站的概念不同。2019 年 4 月 2 日，Google+ 消费者版（个人版）已关闭，企业版则更名为 Google Currents 继续运作。——译注

前，Altmetrics 考虑的因素权重如下：

新闻：8

博客：5

推特：1

脸书：0.25

红迪：0.25

专利：3，等等。

我倾向于认为，随着人们对机构和专家的信任度降低，平民主义（populist）的指标可能会变得更加可信。比起纯粹的学术影响力，Altmetrics 更能衡量公众对研究的反应。关于引用量和 Altmetrics 评分之间是否存在相关性的问题，已经有了一些初步的统计研究。[1] 很可能，Altmetrics 评分不应该用来取代传统指标，而应该作为附加指标用以衡量研究的社会影响力。虽然我对 Altmetrics 的看法有褒有贬，但我可以勉强接受下述观点：传统的同行评审制的危机意味着，发表后的反应比过去所认为的要更重要。当然，在 Altmetrics 所涵盖的非传统来源中，大多数的学术文章从未被提及（更糟糕的是：也许有一半的论文从来就没有人读过；也许只有一些编辑读过，要是他们还有点精力的话）。这种差别明显和学科有关：前 100 名的论文大部分与生物医学和健康问题有关。

---

1. 参阅 Wenya Huang, Peiling Wang, and Qiang Wu. A correlation comparison between Altmetric attention scores and citations for six PLoS journals. PLoS ONE 13, no. 4（April 2018）.

给科学家打分：三谈客观性—主观性的两难问题

读者还记得，詹姆斯·卡特尔（James Cattell）在 20 世纪初普及了对科学家进行系统性排名的思想。他请专家来做排名，所以结果带有很大的主观性。此后有了一些现代指标，人们希望能找到更客观的测量标准。目前则有了在线数据库，如科睿唯安（Clarivate Analytics[1]，原 Thomson Reuters）的科学网（Web of Science）[2]、爱思唯尔公司（Elsevier）[3] 的斯高帕斯（Scopus）[4] 和谷歌学术搜索（Google Scholar）[5] 等，这些数据库有助于客观分析。挖掘这些数据库有助于准确地定位个别科学家的影响。（和以往一样，我们应该谨慎，因为结果取决于所使用的数据库。）

那么问题来了：谁是最有影响力的科学家？也许是某个写过很多很多论

---

1. Clarivate 是一家总部位于费城和伦敦的公司，于 2016 年由 Onex 公司和亚洲霸菱私募股权投资公司收购汤森路透的知识产权和科学业务后成立，2019 年 5 月 13 日，Clarivate 与丘吉尔资本（Churchill Capital）合并。Clarivate 拥有并运营着一系列基于订阅的服务，主要集中在分析领域，包括科学和学术研究、专利情报和合规标准、医药和生物技术情报商标、域名和品牌保护等。——译注

2. Web of Science（原名 Web of Knowledge）是一个网站，它提供订阅式访问多个数据库，为许多学术学科提供全面的引用数据。它最初由科学信息研究所（ISI）制作，目前由 Clarivate Analytics 维护。——译注

3. 爱思唯尔（Elsevier）是一家信息和解析公司，也是世界上科学、技术和医学信息的主要提供者之一。爱思唯尔作为出版公司成立于 1880 年，现在是励讯集团（RELX Group，2015 年前名为 Reed Elsevier）的一部分。其产品包括《柳叶刀》《细胞》等学术期刊，ScienceDirect 电子期刊集、"趋势"（Trends）系列和"新见"（Current Opinion）系列期刊，在线引文数据库斯高帕斯（Scopus）和 ClinicalKey 临床医生解决方案。爱思唯尔的产品和服务覆盖整个学术研究生命周期，包括软件和数据管理、教导和评估工具。——译注

4. Scopus 是一家文献数据库。它囊括全球 5000 多家在科学、技术、医学和社会科学等领域的出版商。——译注

5. 谷歌学术搜索（Google Scholar）是一个可以免费搜索学术文章的网络搜索引擎，由计算机专家阿努拉·阿查雅开发。2004 年 11 月，谷歌第一次发布了谷歌学术搜索的试用版。该项索引包括了世界上绝大部分出版的学术期刊。——译注

文的人。好吧，这只有部分是正确的，但我们如何核算那些没有引起任何关注的论文（也许它们发表在 IF 值很低的期刊上）？我们可能会猜测，一篇被多次引用的论文要比一篇被引用次数少或根本就没有人引用的论文重要。但是，我们也要考虑到某位科学家在数年中的一贯表现。阿根廷裔的美国物理学教授豪尔赫·E. 赫希（Jorge E. Hirsch）提出了一种科学活动的测量指标，它把一位科学家发表的文章数量和每篇文章被引用的次数结合了起来。这就是所谓的 h- 指数。比如说，如果你有 10 篇至少各被引用了 10 次的论文，而且你没有 11 篇至少各被引用过 11 次的论文，那么你的 h- 指数就是 10。当然，这个例子有点任意，说得更专业一点，如果一位科学家有 N 篇论文，其中引用次数最高的 H 篇至少各被引用了 H 次，那么其 h- 指数就等于 H。当然，正如我们在本书中多次论证的那样，像这样的指标都是人为造出来的，我们应该审视它们的适用范围和局限性。它们的作用有多大呢？在 h- 指数提出 10 年后，赫希本人对其进行了重新评价，我在此冒昧地抄录了他的一段相当长的评论：

> 　　我认为它作为"客观"因素对评价和比较不同科学家能够起到有益的作用，可以作为其他因素的补充。先前的评价包括一些可能更"主观"的因素，例如声望、同行的意见等，以及其他可能不太能说明个人素质的因素，例如科学家所属的机构，或者他发表成果的期刊等。过去，在没有太多确凿证据的情况下，说一个科学家"优秀"比较容易。现在，如果说一个 h- 指数低的科学家"优秀"，那么就有理由要求解释一下为什么其 h- 指数这样低：可能有，也可能没有合理的理由。反之，在过去，那些影响广泛深远的科学家，由于没有高显示度的"本垒打"（home run）[1] 而更容易受到忽

---

1. 棒球术语，转义为成功实现目标。——译注

视。我认为，考察 h- 指数应该有助于更好地决定科学家的聘用和
晋升、奖项的授予、荣誉学会成员的选举，对机构决定如何把资源
分配给相互竞争的不同申请者也有帮助。我认为，只要这个指数
运用得当，它应该会对科学的进步起到积极的促进作用，并有助于
更公平地奖励那些为科学进步作出贡献的人。

对指标的痴迷诱发了一个庞大行业的诞生，这个行业详细研究了 h- 指
数的各种变体。[1]

该还是不该？

科学指标既能为善，也能为恶。科学指标的一个主要问题是，它诱导人
们扭曲自己的行为，以牺牲不容易量化的东西（如教学质量）为代价，去尽
力追求容易量化的东西（如在高引用的期刊上发表论文）。

现在看来很清楚的是，在绝大多数情况下，"谁是更有影响力的科学家"
的游戏结果，在很早的阶段就已经决定了。请想象一场足球比赛，在比赛的
早期阶段，比分是 2-1。然后想象一个规则，再次进球的概率与已经取得的
进球数成正比。那么，最终可能是 45-3 这样疯狂的结果。这场足球比赛的
比分，就相当于描述特定科学家影响力的指标——你在早期做得更好，将来
也可能做得更好。

预测成功

马尔科姆·格拉德威尔在他的畅销书《异类：成功的故事》(*Outliers: The*

---

1. 参阅 Andras Schubert and Gábor Schubert. All along the h-index-related literature: a guided tour. Springer Handbook of Science and Technology Indicators, edited by Wolfgang Glänzel, Henk F. Moed, Ulrich Schmoch, and Mike Thelwall. Berlin: Springer, 2018.

Story of Success）[1] 中断言，成功既需要机会，也需要投入时间。他讲了两个著名的例子，说明在熟练某项特殊技能时，练习一万小时是成功的先决条件。第一个例子是甲壳虫乐队，他们是有史以来最受欢迎的摇滚乐队，他们曾经在德国汉堡不停地举行通宵演出。第二个例子是 2018 年世界富豪榜第二名的比尔·盖茨，他有机会在十几岁的时候就玩了好几年计算机（在那个时代，其他的孩子都还没有接触过计算机）。阿尔伯特 - 拉斯洛·鲍劳巴希[2] 是当代最成功的科学家之一，由他来探讨成功的机制是再也合适不过了。他的新书[3] 的匈牙利文版比英文版早了几周，发行当天我正在布达佩斯。在接下来的 24 小时内，我几乎没有喘口气就读完了这本书。在前言中，他直截了当地指出"成功并不取决于你个人，而是取决于我们"。具体来说，由于可以利用大量有据可查的科学引用数据，对于鲍劳巴希而言，研究科学领域长期成功背后的量化规律是很自然的。[4]

如果你想做预测，你就需要一个模型。我们已经知道，模型是建立在假设的基础之上的。鲍劳巴希小组假设，有三种独立的机制有助于成功：

1. 原本微小差异的放大：与早先被引用次数少的论文相比，早先被多次引用的论文更有可能被再次引用。我们在"选择，游

1. 参阅 Malcolm Gladwell. Outliers：The Story of Success. New York：Little，Brown and Company，2008.

2. 阿尔伯特 - 拉斯洛·鲍劳巴希（Albert-László Barabási，1967— ）是在罗马尼亚出生的匈牙利裔美国物理学家，以研究网络理论而闻名。是美国东北大学复杂网络研究中心（CCNR）主任和特聘教授，也是网络科学协会的创始主席。——译注

3. 参阅 Albert-László Barabási. The Formula：The Universal Laws of Success. New York：Little，Brown and Company，2018.

4. 参阅 Dashun Wang，Chaoming Song，and Albert-László Barabási. Quantifying long-term scientific impact. Science 342，no. 6154（October 2013）：pp. 127–132.

戏，法律和网络"一章中提到过，鲍劳巴希的早期世界声誉就得益
于他发现了万维网演化中"偏好依附"（preferential attachment）的
机制，并由此获得了大量的论文引用次数。

2. 老化效应：一篇论文的新意渐渐减退，曾经的新意被纳入
到了后来的工作之中。

3. 适应程度（fitness）：这种微妙的机制有助于确保后进者也
可能获得成功。

鲍劳巴希在《公式》（*The Formula*）一书中指出了五条成功法则，其中第
三条法则涉及预测能力：如果把以前的成功乘以适应程度，就可以计算出未
来的成功。我正在运用这个法则，以预测《公式》将会成功。我们对《谁居榜
首》的适应程度知之不多，所以我们将拭目以待！　不过，我们知道丘吉尔说
过："成功并非一锤定音，失败也不是无可挽回：重要的是继续前进的勇气。"

对艺术家的评分和排名

根据艺术作品的美学价值来评价艺术作品，这是很困难的。然而，
在 1930 年左右，美国著名数学家乔治·D. 伯克霍夫（George D. Birkhoff，
1884—1944）提出了一种测量美学的方法，[1]他把此定义为规则性和复杂性之
间的比率。复杂性大致是指图像所包含的元素的数量，而规则性是衡量图
像中规律性的数量。虽然此后出现了这个测量方法的多个版本，大多都基
于信息论，但数学家们都很聪明地承认数学理论无法把握审美体验的复杂

---

1. 参阅 George D. Birkhoff. Aesthetic Measure. Cambridge，MA：Harvard University Press，1933.

性。伯克霍夫很清楚,他的测量方法完全忽略了一件艺术品在观赏者心中所诱发的情感和智力上的反应。尽管如此,大家在直觉上都觉得印象派[1]比学院派绘画(academic painting)[2]在复杂性方面把握得更好。学院派向印象派的转变是由一种新兴的商业模式主导的,这种模式引发了一种新的由市场驱动的艺术家评级和排名,它背后有一个值得注意的故事。

中译本附加图 3 学院派代表作:
《燃烧的六月》(*Flaming June*),
弗雷德里克·雷顿,1895 年

中译本附加图 4 印象派的代表作:
《日出·印象》(*Impression, soleil levant*),克洛德·莫奈,1872 年

---

1. 印象派是指于 1860 年代法国开展的一种艺术运动或一种画风。印象派的命名源自于莫奈 1872 年绘制的画作《日出·印象》,遭到学院派的攻击,并被评论家路易·乐华挖苦为"印象派"。印象派画作常见的特色是笔触未经修饰而显见,构图宽广无边,尤其着重于光影的改变、对时间的印象,并以生活中的平凡事物作为描绘对象。著名的艺术家有莫奈、马奈、德加、雷诺阿等,塞尚等开创了后印象派。——译注

2. 学院派艺术是一种在欧洲艺术学院和大学的影响下所产生的绘画和雕塑的流派。它专指那些在新古典主义和浪漫主义运动中,受法兰西艺术院订立的标准所影响的画家和艺术品,以及跟随着这两种运动并试图融合两者作为风格的艺术。他们通常也被称为"学院派"(academism)、"华丽艺术"(art pompier)、"折中主义"(eclecticism)。——译注

画家声誉的变化：从沙龙到市场

沙龙，落选者艺术展和印象派问世

历史上，法兰西艺术院（Academie des Beaux-Arts）[1]主导了法国艺术，并控制了其内容和风格。它支持的是宗教和历史题材的作品以及肖像画，实际上不认可风景画和静物画，而精细的笔触则是其风格的特点。在几个世纪中，在巴黎沙龙中展出是艺术家在巴黎建立声誉和事业的必要条件。[2]

在该沙龙中取得成功就意味着有了名声，包括有声望的工作（如美术学院的教职）和各种奖项[如拿破仑设立的荣誉军团勋章（Legion of Honor）[3]，为以后所有的法国政府沿袭]。遴选过程是由法兰西艺术院的成员控制的沙龙评审团主导的。正如经常发生的那样，像沙龙评审团这样的评选委员会总是试图维持现状。我们不能责怪他们，因为这是出于人的本性，问题是艺术家的名声就取决于这个机构。古斯塔夫·库尔贝[4]在提交给1847年沙龙评审团的所有画作都被拒绝后，他说过以下名言：

这是评审团先生们的偏见：除了一两个他们再也对抗不了的

---

1. 法兰西艺术院（Académie des Beaux-Arts）是法兰西学会 5 个院之一，是法国艺术界的权威机构。法兰西艺术院创建于 1803 年，是由三个院合并而成的，包括 1648 年创建的"法兰西绘画雕塑院"，1669 年创建的"法兰西音乐院"和 1671 年创建的"法兰西建筑院"。——译注

2. 参阅 David W. Galenson and Robert Jenson. Careers and canvases: the rise of the market for modern art in the nineteenth century. National Bureau of Economic Research Working Papers, no. 9123（August 2002）.

3. 法国荣誉军团勋章（Légion d'honneur，又译为"法国荣誉勋位勋章"），全名为"法国国家荣誉军团勋位"（法语：Ordre national de la Légion d'honneur），是法国政府颁授的最高荣誉勋位勋章，以表彰对法国做出特殊贡献的军人和其他各界人士。1802 年由拿破仑设立，勋章绶带为红色，分六个等级。——译注

4. 古斯塔夫·库尔贝（Gustave Courbet，1819—1877）是法国著名画家，现实主义画派的创始人。主张艺术应以现实为依据，反对粉饰生活，他的名言是："我不会画天使，因为我从来没有见过他们。"——译注

人，如德拉克洛瓦（Delacroix）[1]、德尚（Decamps）[2]、迪亚兹（Diaz）诸先生之外，他们拒绝了所有不属于他们学派的人。所有那些公众知名度不够高的人，都是不置一词就被打发了。从他们的判断力来看，我一点也不感到烦恼，但是为了让自己扬名，就必须展示自己的作品。然而不幸的是，那里是唯一的展示场所。

落选者艺术展［又称"落选者沙龙"（"Salon des Refuses"）］成立于1863 年，它既是一种安慰性的奖项，也为被沙龙评审团排除在外的艺术家提供了一种另类的展示途径。这一年被称为现代艺术的诞生之年，因为爱德华·马奈[3]在这一年展出了他当时引起轩然大波的作品《草地上的午餐》[4]。［1863 年也是足球协会（Football Association）在英国成立之年。当然，对于英国人来说，football 的意思是足球[5]。对于美国人来说，1863 年是葛底斯堡战役那一年，也就是南北战争的转折点。所以，现代艺术、现代体育和现代美国同步诞生了］重大转折点发生在 1874 年，人们在那一年第一次举办了

---

1. 欧仁·德拉克洛瓦（Eugène Delacroix, 1798—1863）是法国著名浪漫主义画家。——译注

2. 亚历山大 - 加布里埃尔·德尚（Alexandre-Gabriel Decamps, 1803—1860）是法国画家，以东方主义作品著称。——译注

3. 爱德华·马奈（法文：Édouard Manet, 1832—1883），出生在法国巴黎的写实派与印象派之父。马奈的画风乍看之下应该属于古典的写实派画风，其人物细节都相当有真实感。但马奈之所以也被归为印象派画家的原因，在于他所画的主题颠覆了写实派的保守思考。要画战争，就画冲突性高的、被处决的画面。要画野餐，就画争议性高的对比，裸女自然地坐在穿西服的绅士当中。马奈很明显地表示出，印象派并不仅仅靠绘画技巧来与众不同，主题也可以重新思考。——译注

4. 《草地上的午餐》（Le Déjeuner sur l'herbe）是法国写实派与印象派画家爱德华·马奈创作于1862 年和 1863 年间的一幅布面油画。画中的树下裸女，被认为是印象主义的第一个宣示。原本名为《浴》（Le Bain）。在 1863 年的"落选者沙龙"第一次展出。现藏于巴黎的奥塞美术馆。——译注

5. 在美式英语中，football 的意思是橄榄球，足球是 soccer。——译注

印象派画展。克洛德·莫奈[1]、埃德加·德加[2]、皮埃尔 - 奥古斯特·雷诺阿[3]、卡米耶·毕沙罗[4] 和贝尔特·莫里索[5] 等自发形成了画家、雕塑家、雕刻家的匿名协会（Anonymous Society of Painters，Sculptors，Engravers）。

他们的画作是现代的，采用细致的、清晰可见的笔触画出了静物、肖像以及风景画。1874 年后，保罗·高更[6]、乔治·修拉[7] 和其他大艺术家不用在巴黎沙龙上展出作品，也有机会开始艺术生涯。无需沙龙评审团的评审，也有了生存空间！

---

1. 奥斯卡 - 克洛德·莫奈（Oscar-Claude Monet，1840—1926），法国画家，印象派代表人物及创始人之一。"印象派"一词源自他的画作《日出·印象》，该画作于 1874 年在莫奈及其同事举办的第一次独立展览中展出。——译注

2. 埃德加·伊莱尔·日耳曼·德加（Edgar Hilaire Germain de Gas，1834—1917），昵称为埃德加·德加（Edgar Degas），生于法国巴黎，印象派画家、雕塑家。——译注

3. 皮埃尔 - 奥古斯特·雷诺阿（Pierre-Auguste Renoir，1841—1919）是一位著名的法国画家，也是印象派发展史上的领导人物之一。其画风承袭彼得·保罗·吕本斯与尚 - 安托万·华托的传统，对于女性形体的描绘最为著名。——译注

4. 卡米耶·毕沙罗（Camille Pissarro，1830—1903），是一位丹麦裔法国的印象派、新印象派画家。毕沙罗喜好写生，画了相当多的风景画，他的后期作品是印象派中点彩画派的佳作。此外，毕沙罗的人像画也有他特殊的风格。1873 年开始，他成为印象派画家中的中心人物。——译注

5. 贝尔特·莫里索（Berthe Morisot，1841—1895）是一名法国女画家，也是巴黎印象派团体中的一员。法国评论家葛斯塔夫·杰夫华将她与另外两位女画家玛丽·布哈可蒙、玛丽·卡萨特并列为印象派三姝。——译注

6. 欧仁·亨利·保罗·高更（Eugène Henri Paul Gauguin，1848—1903），生于法国巴黎，印象派画家。大部分艺术史家将他归于后印象派。他死后作品才开始名声大噪。他是印象派的代表人物，除去绘画之外，在雕塑、陶艺、版画和写作上也有一定的成就。他对色彩的运用促进了综合主义的产生，同时也为原始主义的产生铺平了道路。——译注

7. 乔治 - 皮埃尔·修拉（Georges-Pierre Seurat，1859—1891），是点彩画派的代表画家，新印象派的重要人物。他的画作风格相当与众不同，画中充满了细腻缤纷的小点，当你靠近看，每一个点都充满着理性的笔触，与梵高的狂野、塞尚的色块都大为不同。修拉擅长都市风景画，也擅长将色彩理论套用到画作当中。——译注

市场驱动声誉的出现

保罗·杜兰·鲁尔[1]以发现印象派画家而闻名。有一则轶事是这样说的："有一天,他的一位艺术家带着一位年轻的法国画家去看他,并向他介绍说,'这位艺术家将超越我们所有人。'而这位艺术家就是克洛德·莫奈。"他通过购买大量尚无名气的艺术家的画作,做起了一笔创新(也意味着风险很大)的生意。杜兰·鲁尔也是最早尝试单人画展的画商之一,当时被称为"个人展"(one-man show)。

他还创办了一本杂志,用于解释和支持后来的现代艺术。他并非艺术史家,而是生意人和艺术品商人。然而,他的直觉使他信任并投资了一个全新的画家流派。很快,印象派画家们在独立的展览中赢得了初步的声誉,杜兰·鲁尔在1882年至1884年间购买了莫奈、毕沙罗、雷诺阿和西斯莱[2]等的大量画作。一种新的机制,即经销商—批评家制度,孕育出了一个新的社会市场,并逐渐取代了学院派体系。美术馆的出现,成为现代艺术与公众见面的场所。但是,印象派的名声虽在慢慢扩大,当时却不足以保证他们在艺术和经济上的成功。于是,杜兰·鲁尔又迈出了创新的一步:除了在巴黎举办展览外,他还在伦敦和纽约举办展览,将市场推向全球。1886年,杜兰·鲁尔在纽约的美国艺术画廊(American art galleries)举办了画展,展出了289幅印象派画作。美国公众被莫奈、雷诺阿等人的画作所吸引。许多售出的艺术品成为美国各大博物馆中印象派的核心收藏品。在美国收藏家的帮助

---

1. 保罗·杜兰·鲁尔(Paul Durand Ruel, 1831—1922)是一位与印象派、巴比松画派有关的法国艺术商人。他是第一批为画家提供津贴和个展支持的现代艺术商人之一。——译注
2. 阿尔弗雷德·西斯莱(Alfred Sisley, 1839—1899),法国印象派创始人之一,出生于法国巴黎的一个英国人家庭,之后恢复英国国籍,但大部分时光在法国度过。西斯莱主要创作风景画,风格受到印象派同道和柯罗的影响,主要作品有《枫丹白露河边》《鲁弗申的雪》《马尔利港的洪水》《洪水泛滥中的小舟》等。他的画作在生前并不被人看重,死后才获得好评。——译注

下获得的艺术和经济上的成功，使杜兰·鲁尔摆脱了债务困扰。

印象派作为第一个真正意义上的现代流派，其名声在高端艺术界迅速建立起来了。20世纪初，"以营利为目的"的画廊有如雨后春笋，创造出了一个真正的竞争市场，从而完成了从学院派一统天下到面向市场的当代艺术市场的转变。

量化艺术上的成功

艺术品复制的数量是否与科学引文的数量有类似的作用？

在大数据时代之前（也就是20年前谷歌的佩奇排名算法诞生的时候），戴维·加伦森（David Galenson）提出了一个聪明的想法，即艺术作品的重要性可以由它在33本艺术史教科书中作为插图的数量来反映。排在榜首的是毕加索1907年的《亚维农的少女》[1]，它作为插图的数量是28，其次是苏联画家兼建筑师弗拉基米尔·塔特林[2]，他的传奇性的《第三国际纪念碑》（the Monument to the Third International）一共在25本书中出现。但是如果按谷歌搜索点击率给出的统计数字，其结果则大相径庭，二者点击率分别为1.58亿和23万。[3]

1.《亚维农的少女》（Les Demoiselles d'Avignon）是西班牙画家毕加索的名作之一，由其于1907年在西班牙所绘。亚维农是巴塞罗那的一条街，画面中有五名半抽象的裸体少女和一组静物。画中左面的三名少女较为贴近自然的西班牙女子，而右面的两名则似乎戴着非洲面具。据毕加索所说，这些面具是为了展现出一种强烈的、近乎野性的力量。此画抛弃了透视法，转而使用平板的原始主义画法。这幅原始立体主义画作被认为是后来的立体主义与现代艺术的发端之一。此画争议颇大，就算是毕加索的朋友也有人对此抱持批评的态度。——译注

2. 弗拉基米尔·塔特林（Vladimir Tatlin, 1885—1953）是一名苏联画家和建筑师，与马列维奇同为1920年代苏联先锋派运动中的两大重要人物，但后来转而进行构成主义创作。——译注

3. 2018年10月28日所作核查。

中译本附加图 5 《亚维农的少女》　中译本附加图 6 《第三国际纪念碑》

（*Les Demoiselles d' Avignon*）　（*the Monument to the Third*

International）

　　当代美国最伟大的三位画家是杰克逊·波洛克[1]、贾斯帕·强斯[2]和安迪·沃霍尔[3]，对他们应该如何排名呢？教科书上的总插画数量和谷歌的点击量所显示出的排名次序并不一致。杰克逊·波洛克为 135 次和 2740 万，贾斯

---

1. 杰克逊·波洛克（Jackson Pollock, 1912—1956）是一位有影响力的美国画家以及抽象表现主义运动的主要力量。他以其独特创立的滴画而著名。1947 年开始使用"滴画法"，取消画架，把巨大的画布平铺在地上，用钻有小孔的盒子、棒或画笔把颜料滴溅在画布上，稀薄的颜料则借助喷雾器；作画时，和画布的接触不固定在一个位置，而是在画布四周走动，或跨越过去，使构图没有中心、结构无法辨认；以反复的无意识的动作画成复杂难辨、线条错乱的网；画面上线条纵横曲扭，色彩变幻无常。在其追求下意识的极端放纵的方法中可见到超现实主义画派的影响。——译注

2. 贾斯帕·强斯（Jasper Johns, 1930— ），美国当代艺术家，主要媒介为油画和版画。——译注

3. 安迪·沃霍尔（Andy Warhol, 1928—1987），美国艺术家、印刷家、电影摄影师，是视觉艺术运动波普艺术的开创者之一。在他成为商业插画家获得巨大成功之后，沃霍尔开始尝试画家、前卫电影制作人、档案家、作家等工作。他经常使用丝网版画技法来重现图像。他的作品中最常出现的是名人以及人们熟悉的事物。重复亦是其作品的一大特色。——译注

帕·强斯为 124 次和 1240 万，安迪·沃霍尔为 114 次和 4860 万。

沃霍尔画作的最高成交价是其 1963 年的油画《银色车祸》（*Silver Car Crash*），成交价为 1.05 亿美元。强斯的最高成交价是《旗帜》（*Flag*），以 1.1 亿美元的价格成交。而波洛克的《5 号》（*No.5*）以 1.4 亿美元的价格私下成交，成为世界上最贵的画作。但这些都只是数字而已。谈到这些画的价格，我应该引用鲍劳巴希的第二定律："成绩是有限的，但成功是无限的。"最近对艺术品价格的定量分析支持了这一观点。对过去 30 年中，全球所有当代艺术品拍卖会上成交价格最高的一万件作品，分析其相关数据，结果都表明我们所预期的 "80/20 法则" 是成立的。不同时期的艺术品价格分布（意大利文艺复兴时期、1600 年前后的荷兰和佛兰德绘画、19 世纪伦敦和巴黎的艺术品拍卖会）显示出与钟形曲线的巨大偏离，并且可以用最著名的偏斜分布律（在这里实际上是三次方幂律）来描述。[1] 总的来说，少数开创性的艺术家的作品价格，要远比他们的追随者高得多。

现在，艺术家的声誉取决于不同类型的参与者的互动：私人收藏家、公司、画廊和拍卖行。当代艺术的经济学现在成了一个巨大的研究领域，[2,3] 定量分析有助于揭示艺术家声誉的产生机制。

通向艺术的网络理论

视觉艺术已今非昔比。在整个巴黎沙龙两个多世纪的历史中，只有不

1. 参阅 Federico Etro and Elena Stepanova. Power-laws in art. Physica A：Statistical Mechanics and its Applications 506（September 2018）. pp.217-220.

2. 参阅 Jens Beckert and Jörg Rössel. Art and prices：reputation as a mechanism for reducing uncertainty in the art market. Kolner Zeitschrift fur Soziologie und Sozialpsychologie 56, no. 1（2004）：pp. 32-50.

3. 参阅 Alessia Zorloni. The Economics of Contemporary Art：Markets, Strategies and Stardom. Berlin：Springer, 2013.

到 13 万件艺术品,但根据一份报告 [1],每天有超过 3.5 亿张图片被脸书用户上传。好吧,上传的图片并不都是艺术品。但是,很多艺术家仍然在竞争位置最好的展示墙面。

每个艺术家都是由其他艺术家、画廊老板、经销商、艺术顾问、艺术评论家、拍卖组织者、博物馆专业人士等组成的异质网络的一部分。新晋画家的声誉是通过彼此之间的关联建立起来的。如果一个新人因为同属某个"画廊圈"而与某位著名画家有了关联,就会对其声誉有好处。再一次地,用鲍劳巴希的话来说就是:"成功并不取决于你个人,而是取决于我们。"一位艺术家的艺术生涯要经历一系列阶段,要从一个阶段过渡到下一阶段是很难的。通常来说,这些阶段是:(1)大学艺术空间;(2)小城市画廊;(3)艺术氛围浓厚的城市中的大型画廊展览;(4)回顾展;(5)"甲级"博物馆展览。重要的第一步是寻找画廊。关于画廊如何选择他们感兴趣的艺术家,是否有什么规则呢?毫无疑问,他们在寻找艺术作品的时候,都是希望这些作品能增加画廊的成功。成功对不同的画廊来说可能意味着不同的东西,并不一定要用销售量来度量。一个更具地方性的、学术性的画廊,除了经济上的成功之外,还能引发社区的兴趣和关注。

艺术品市场是一种集体游戏,所以来自参观者、艺术品经销商、画廊老板、收藏家的反馈应该都是非常重要的。美籍英国画家苏珊·希勒(Susan Hiller)建议你不一定要直接参与争取声誉的过程:

> 对于一个年轻的艺术家,我想说的是:只要顺其自然,拭目以待就行。不要担心别人的判断。如果能够引起共鸣,那就去倾听,

---

1. 参阅 Cooper Smith. Facebook users are uploading 350 million new photos each day. Business Insider, September 18, 2013.

否则就不必理会。自我怀疑对于艺术家来说是永远存在的，因为我们干这一行的好处就是要确定问题，然后问问自己是否解决了它们。

但是，这种策略并不一定会带来声誉，艺术家和主要的中介机构——画廊之间有一个匹配的过程。画廊在一级市场上推销艺术家，他们是艺术新作与潜在观众/买家之间的专业中介。他们也为新入行的艺术家代言，为他们在市场上定位，帮助他们建立声誉。当然，画廊也有不同的影响力，有些画廊的影响力更大一些。在美国博物馆的个展中，有近三分之一属于由五家画廊代理的艺术家。这五家画廊是：高古轩画廊（Gagosian Gallery）、佩斯画廊（Pace）、玛丽安·古德曼画廊（Marian Goodman Gallery）、大卫·兹维尔纳画廊（David Zwirner）和豪瑟-维思画廊（Hauser & Wirth）。这五大画廊现在也主宰了有钱人和机构所需的当代艺术。在瑞士著名的阿尔卑斯山度假胜地圣莫里茨（St.Moritz），豪瑟-维思画廊又开设了一家新画廊（2018年12月）。我们已经多次提过的量化法则可能也适用于拍卖公司。佳士得（Christie's）和苏富比（Sotheby's）占据了整个国际美术品拍卖业务80%的江山。

如果你觉得自己的声誉很重要，有三个法则可以增加你的声誉：

1. 努力工作。
2. 把80%的时间用在营销上，20%的时间用在基本活动上。
3. 试着找出调和前两条法则的方法！

有关顶级艺术家的盘算

谁是顶级艺术家？不管你喜欢与否，顶级艺术家是由群体决定和定义的。

在这方面的讨论中，有一个热门网站是 2004 年成立的 ArtFacts.Net（AFN）。我们早已知道，每个排名系统都需要一个数据库和排名算法，而 AFN 使用的展览数据库是从 1863 年的巴黎落选者沙龙开始的。AFN 的负责人马雷克·克拉森（Marek Claassen）所传达的信息非常明确：只有关联和知名度才是最重要的，所以 AFN 所使用的算法会优先考虑这些特征：[1]

> 我们引入了一种量化的方法来衡量一个艺术家融入国际艺术界的深度。我们从艺术家与代表他们的画廊或收藏场所之间的长期关系入手。这些都是非常强固的关系，并且会持续很长时间。我们先计算收藏国家的数量，以及收藏场所和画廊的数量。然后，我们再看个展和群展。一个画廊或博物馆拥有的国际艺术家越多，它的展览价值就越高。比方说，我们有像泰特现代艺术馆（Tate Modern）[2] 这样的机构，在那里收藏了成千上万艺术家的作品。如果你在那里办个展，你就会沾所有这些艺术家的光，你的排名从而就会大大上升。双年展、群展与博物馆相似，它们的价值取决于展出了哪些艺术家的作品。所以，如果展品中有一件安迪·沃霍尔的作品，它的价值就会大大上升。

当我把这个观点发布到我个人的博客平台上时，我的数学家朋友约翰（你还记得吧，他从来没买过汽车）评论道："太过分了，太可耻了！你是好朋友——你是好艺术家？它是如此地明白无疑吗？"约翰，我们都知道试图量化绘画的审美价值的尝试由来已久（使用信息论、分形理论等多种工

---

1. 参阅 Art history is exhibition history：the story behind ArtFacts.Net. ArtFacts，September 14，2018.

2. 泰特现代艺术馆是位于英国伦敦的现代艺术博物馆。该博物馆隶属泰特美术馆集团。——译注

具），不管你喜欢与否，声誉是我们可以量化的商品。声誉是艺术品市场利益相关者集体智慧的产物。

事实上，AFN 最近宣布对其主要的排名算法作了一些改变[1]。之所以要作出这些变化，是希望排名榜单能够与时俱进，不再让像安迪·沃霍尔和巴勃罗·毕加索这样的老者（或已故之人）完全占领榜单。作为回应，AFN 做了两个改变。首先，引入了一个折旧因子：时间较早的展览对当今的职业生涯影响应该要小。其次，更新了排名算法，让超出五年前的展览对今天的排名没有任何影响。由于 AFN 在排名算法中没有使用财务数据，我们似乎可以合乎情理地说，这个排名在某种程度上只是间接地反映了商业行为。

艺术家的排名

到目前为止，沃霍尔和毕加索仍然领跑 AFN 榜单，紧随其后的是格哈德·里希特[2]。排名最高的女性艺术家是摄影家辛迪·舍曼[3]，总体排名第六。百强榜上有 15 位女性；同时，在这份榜单上，有 65 位在世的艺术家。

百强榜上最年轻的人（实际排名是第 62 位）是 1970 年出生的卡迪尔·阿蒂亚（Kader Attia）。这位当代艺术家是在巴黎和阿尔及利亚度过童年的。因此，在他的成长过程中，阿拉伯的和欧洲的思维方式都起到了作用，跨地域的游历塑造了阿蒂亚的世界观。[4] 他还在非洲刚果和南美洲委内瑞拉度过了几年，

---

1. 参阅 Updated artist ranking for 2014 now online. ArtFacts，April 5，2014.

2. 格哈德·里希特（Gerhard Richter，1932—），德国视觉艺术家，作品形式包含抽象艺术、照相写实主义绘画、摄影及利用玻璃媒材等。他在艺术概念上追随毕加索和让·阿尔普（Jean Arp）等人，创作形式多样而并非维持单一风格。他的作品多次创下在世艺术家拍卖的最高价纪录。——译注

3. 辛迪·舍曼（Cindy Sherman，1954—），美国女摄影师与行为艺术家。她以概念艺术肖像闻名。舍曼在一系列摄影作品中以自己充当主角，并化上各种各样的妆容，设计如戏剧般的场景和服装来为照片营造场景。有些时候她刻意女扮男装，企图颠覆既有的女性或男性印象。——译注

4. 参阅 Kader Attia. The Falmouth Convention，accessed February 10，2019.

因此他获得了非常广阔的国际视野。20 世纪 90 年代，阿蒂亚在巴黎和巴塞罗那接受教育，现在他还在阿尔及尔、柏林和巴黎生活和工作。他的多元文化背景帮助他形成了独特的观念，这似乎是他艺术活动的组织原则：修复的概念。过去的痛苦、创伤及其修复（以伤痕表现），这是在阿蒂亚的艺术作品中一再出现的模式。

　　毫无疑问，阿蒂亚拥有成为一名成功艺术家的耀眼经历。他的第一次个人摄影展是 1996 年在刚果举办的，这不一定是通往成功的最佳垫脚石。我在想，正是他在巴黎的画廊（Martine et Thibault de la Châtre, Kamel Mennour）的个展使他受益，让他得以在 2003 年进入威尼斯双年展。后来，他的房间大小的艺术装置《从西方文化到超西方文化的修复》（*The Repair from Occident to Extra-Occidental Cultures*）使他一举成名。阿蒂亚曾经多次获奖，包括马塞尔·杜尚奖（Marcel Duchamp Prize，2016 年）[1]和琼·米罗奖（Joan Miro Prize，2017 年）。他已经在纽约现代艺术博物馆（MoMA）[2]、伦敦泰特现代美术馆、巴黎蓬皮杜中心（Centre Pompidou）[3]、纽约所罗门·R. 古根海姆博物馆（Solomon R. Guggenheim Museum）[4]参加

---

1. 马塞尔 - 杜尚奖（Prix Marcel Duchamp）是由法国国际艺术传播协会（ADIAF）每年颁发给年轻艺术家的奖项。——译注

2. 现代艺术博物馆（Museum of Modern Art，简称"MoMA"）是一所在美国纽约市曼哈顿中城的博物馆，也是世界上最杰出的现代艺术收藏之一。此博物馆经常与大都会博物馆相提并论，虽馆藏少于前者，但在现代艺术的领域里，该馆拥有较多重要的收藏。——译注

3. 蓬皮杜中心（Centre Georges-Pompidou），全名为蓬皮杜国家艺术和文化中心（Centre national d'art et de culture Georges-Pompidou），内部包括公共资讯图书馆（Bibliothèque Publique d'Information）、法国国立现代艺术美术馆（Musée National d'Art Moderne）与声学、音乐研究和协作学院（Institut de Recherche et Coordination Acoustique/Musique）。——译注

4. 所罗门·R. 古根海姆美术馆（The Solomon R. Guggenheim Museum）是一座位于纽约市曼哈顿上东城的现代美术馆，成立于 1937 年。它是古根海姆基金会（Solomon R. Guggenheim Foundation）名下所持有的几间美术馆之中最著名的一间，是纽约市最著名的美术馆之一。2019 年被评为世界文化遗产。——译注

过群展。一个可行的猜测是，他将在这些博物馆举办个展，而且他将在百强艺术家的名单上继续上升。但存在一个质疑的理由：维基百科英文网站上没有阿蒂亚的条目，而只有法文版和德文版的。

诺贝尔奖和奥斯卡奖：候选人和获奖者

诺贝尔奖

声望的一个重要标志，就是在自己的学科或那一行中获得显赫的奖项或荣誉。很难否认说，获得诺贝尔奖可以被认定为排名第一。诺贝尔奖得名于阿尔弗雷德·诺贝尔，他是化学家、发明家、工程师、企业家和作家，他发明了炸药，并在一生中拥有 355 项专利。在他的遗嘱中，诺贝尔将自己的财产用于资助在物理、化学、生理学或医学、文学、人道主义或和平相关工作方面的杰出成就。自 1901 年起，瑞典皇家科学院、卡罗林斯卡学院（Karolinska Institute）[1]、瑞典文学院和挪威议会诺贝尔委员会负责颁发诺贝尔奖。1968 年，瑞典储蓄银行（Sveriges Riksbank）设立了一个诺贝尔经济学奖。[关于没有诺贝尔数学奖的原因，一直以来都有一种传闻。它的不同版本都声称，这是由于瑞典著名数学家芒努斯·格斯塔·米塔格 - 莱弗尔（Magnus Gösta Mittag-Leffle）是诺贝尔的情敌。这个传言似乎并无根据][2] 截至 2018 年，共有 590 项诺贝尔奖项颁发给了 935 位诺贝尔奖获得者。

---

1. 卡罗林斯卡学院（Karolinska Institutet）是一所医科大学，位于瑞典首都斯德哥尔摩郊外的索尔纳市，建立于 1810 年。卡罗林斯卡学院是世界上最有威望的医学院之一。学院中有一个委员会，专门负责颁发诺贝尔生理学或医学奖。——译注

2. 参阅 Alex Lopez-Ortiz. Why is there no Nobel in mathematics?. University of Waterloo Math FAQ，February 23，1998.

提名和评选过程

诺贝尔奖得主的提名和评选过程历时一年多，需要进行数十次审查和专家协商，以确定每个奖项类别的获奖者。除诺贝尔和平奖外，所有类别的奖项都只有受到邀请的专家才有资格提名，提名表在颁奖前一年的 9 月寄出。提名邀请函一般是发给一些大学教授和前诺贝尔奖得主，他们可以在次年 1 月 31 日之前提交提名。这个过程通常会产生大约 250 至 350 名独立候选人，之后对专家进行的咨询将为期数月，以评估每个候选人的价值。整个夏季，诺贝尔委员会要编写一份报告，以便在 9 月能提交给负责颁发相应诺贝尔奖的机构，然后在 10 月通过多数人投票选出获奖者并予以宣布，最后在 12 月颁奖。

文学奖：从投注到丑闻

在过去 15 年左右的时间里，体育博彩公司开始接受对诺贝尔文学奖的网上投注（只有文学奖，可能其他奖项吸引的公众关注度要低得多）。博彩庄家会对特定赛马中的所有马匹或各场足球比赛的结果设定固定的赔率，但诺贝尔奖庄家的职责特别具有挑战性。如果你对体育赛事下注，你会有很多关于过去的成绩、实际受伤情况等数据。根据现有数据中的规律进行预测，这并不是极其困难。但对于文学奖来说，我就不太有把握有那么容易了。你应该对诺贝尔奖评选委员会以及他们如何做决定有一个行为模型。

投注诺贝尔奖多少反映了人们的呼声，但我们不应该排除评选委员会完全忽视民意的可能性。事实上，我们有一长串应该获奖而名落孙山的作家名单：列夫·托尔斯泰、安东·契诃夫、马塞尔·普鲁斯特[1]、

---

1. 马塞尔·普鲁斯特（Marcel Proust, 1871—1922），法国意识流作家，他最主要的作品为《追忆似水年华》。许多作家及文学评论家认为他是 20 世纪最有影响力的作家之一。——译注

弗朗茨·卡夫卡[1]、弗吉尼亚·伍尔夫[2]、詹姆斯·乔伊斯[3]、弗拉基米尔·纳博科夫[4]，等等。

2017 年，石黑一雄（Kazuo Ishiguro）因为他的"小说具有强大的情感力量，揭露了我们与世界联系的幻觉之下的深渊"而获得了诺贝尔文学奖。玛格丽特·阿特伍德[5]、恩古吉·瓦·西翁戈[6]、村上春树等人的赔率都比石黑一雄高，但是他的最终拔得头筹还是得到了投注界的认可。

诺贝尔奖评选委员会和博彩公司之间是否有勾结？我敢打赌，肯定没有。该委员会每年大概会收到 200 位左右文坛巨匠的提名。大概会有 10% 到 15% 是第一次被提名。我可能是错的，但我相信，与现在相比，以前第一次受到提名的人更有机会入选。泰戈尔（Rabindranath Tagore，1861—1941；1913

---

1. 弗朗茨·卡夫卡（Franz Kafka，1883—1924），是奥匈帝国一位使用德语的犹太裔小说家和短篇故事家，被评论家们认为是 20 世纪作家中最具影响力的一位。卡夫卡的代表作品有《变形记》《审判》和《城堡》。——译注

2. 弗吉尼亚·伍尔夫（Virginia Woolf，1882—1941），英国作家，被誉为 20 世纪现代主义与女性主义的先锋。最知名的小说包括《达洛维夫人》（*Mrs. Dalloway*）、《到灯塔去》（*To the Lighthouse*）、《雅各的房间》（*Jakob's Room*）、《奥兰多》，散文《自己的房间》等。——译注

3. 詹姆斯·奥古斯丁·阿洛伊修斯·乔伊斯（James Augustine Aloysius Joyce，1882—1941），爱尔兰作家和诗人，20 世纪最重要的作家之一。代表作包括短篇小说集《都柏林人》（1914）、长篇小说《一个青年艺术家的画像》（1916）、《尤利西斯》（1922）以及《芬尼根的守灵夜》（1939）。——译注

4. 弗拉基米尔·弗拉基米罗维奇·纳博科夫（Vladimir Vladimirovich Nabokov，1899—1977）是一名俄裔美籍作家，同时也是 20 世纪杰出的文体家、批评家、翻译家、诗人、教授以及鳞翅目昆虫学家。他的代表作包括《天赋》（俄语），和《洛丽塔》（英语）。——译注

5. 玛格丽特·阿特伍德（Margaret Atwood，1939— ），加拿大作家，是位多产的诗人、小说家、文学评论家、女权主义者、社会活动家。她是布克奖与亚瑟·克拉克奖的得主，7 次入围加拿大总督奖并获奖 2 次。阿特伍德是现当代最受尊崇的小说家之一。——译注

6. 恩古吉·瓦·西翁戈（Ngũgĩ wa Thiong'o，1938— ）是一名肯尼亚作家和文化学家。他被看作是东非最重要的作家之一。恩古吉在耶鲁大学、纽约大学和加利福尼亚大学等教授比较文学。——译注

年获奖）[1]、辛克莱·刘易斯（Sinclair Lewis，1885—1951；1930 年获奖）[2]、赛珍珠（Pearl Buck，1892—1973；1938 年获奖）[3]、威廉·福克纳（William Faulkner，1897—1962；1949 年获奖）[4] 和伯特兰·罗素（Bertrand Russell，1872—1970 年；1950 年获奖）都是在被提名仅一年之后，就赢得了诺贝尔文学奖。导致 2018 年诺贝尔文学奖被取消[5] 的性丑闻，可能会给诺贝尔文学奖带来灾难性的后果，让我们拭目以待吧。

客观性的假象和操纵：是否存在性别偏见？

我们前面说过，自 1901 年设立诺贝尔奖以来，共有 935 人获得了诺贝尔奖。然而，其中只有 51 人是女性（其中玛丽·居里曾两次获奖），也就是说，只有不到 6% 的诺贝尔奖获得者是女性。化学家和科学作家马格多丽娜·哈吉泰（Magdolna Hargittai）指出，这个数字在科学领域甚至更低，自物

---

1. 罗宾德拉纳特·泰戈尔（Rabindranath Tagore，1861—1941），孟加拉族人，是一位印度诗人、哲学家和反现代民族主义者，1913 年，他以《吉檀迦利》成为第一位获得诺贝尔文学奖的亚洲人。——译注

2. 辛克莱·刘易斯（Sinclair Lewis，1885—1951），美国小说家、短篇故事作家、剧作家，在 1930 年因"他充沛有力、切身和动人的叙述艺术，和他以机智幽默去开创新风格的才华"获得诺贝尔文学奖，代表作有《大街》（1920 年）和《巴比特》（1922 年）等。——译注

3. 赛珍珠（Pearl Sydenstricker Buck，1892—1973），美国旅华作家，曾凭借其小说《大地》（*The Good Earth*），于 1932 年获得普利策小说奖，后在 1938 年获得诺贝尔文学奖，也是获得普利策奖和诺贝尔奖的第一位女作家。——译注

4. 威廉·卡斯伯特·福克纳（William Cuthbert Faulkner，1897—1962），美国小说家、诗人和剧作家，为美国文学历史上最具影响力的作家之一，意识流文学在美国的代表人物。在其 40 多年的创作生涯中，他写作了 19 部长篇小说、125 篇短篇小说、20 部电影剧本、1 部戏剧，"约克纳帕塔法"系列小说是其中的代表。1950 年，他因为"对当代美国小说做出了强有力的和艺术上无与伦比的贡献"而获得 1949 年度诺贝尔文学奖。——译注

5. 瑞典文学院于 2018 年 5 月 4 日宣布，推迟颁发 2018 年诺贝尔文学奖，与 2019 年诺贝尔文学奖共同颁发。——编注

理学、化学、医学或生理学奖设立以来，仅有 19 名女性获奖。这一极低的数字使一些人认为，诺贝尔奖对女性科学家有偏见。

当然，在诺贝尔奖的提名和评选过程中，确实有女性科学家被忽视了，但之所以女性获得诺贝尔奖的人数相对较少，事实可能是由于隐性的偏见，而不是明显的歧视。不鼓励妇女从事科学、技术、工程和数学领域（STEM）的教育和工作的成见，导致获得物理学、化学和医学博士学位的女性人数相对于男性而言要少。虽然这方面的人数正在增加，但它与人口统计数字相比依然很低。以物理学为例，根据美国物理学会的统计，1975 年在获得物理学博士学位的人中女性仅占 5%。2017 年，这一比例提高到 18%。如果每 5 个物理学博士中女性还不足 1 位，那么女性获得诺贝尔物理学奖的概率就要低得多了。即使获得了博士学位，隐性偏见也会在女性面对聘用和发表论文时表现出来。研究表明，人们更容易从外表和个人信息等表面文章来评判女性，而不是根据其学术素养。在论文发表方面，女性被引用的可能性比男性要小，她们的研究成果容易被归功于男性，而且她们在期刊编辑岗位上的代表性也不足。所有这些因素都不利于女性受邀在会议上发言，介绍自己的研究成果或被提名获奖。由于诺贝尔奖评选委员会拒绝即时公布被提名人的信息，这些信息从提交提名时算起，要经过 50 年后才能公布，因此很难估计女性在 STEM 领域获得诺贝尔奖提名的比例。但根据物理学、化学和医学领域的状况来看，女性被提名的比例很有可能不及男性。如果我们承认女性在其职业生涯的每一步都会受到相沿成习的偏见的影响，那么在 STEM 领域只有那么少的女性获得诺贝尔奖也就不足为怪了。尽管偏见肯定存在，但由于隐性偏见的性质，几乎不可能确定究竟是在妇女职业生涯的哪一步上减少了她们获得诺贝尔奖的机会，可能远在名字到达诺贝尔奖评选委员会之前，这种瓶颈就已经出现了。

一个成功故事的阴暗面：搜索引擎的操纵效应及其可能影响

声誉管理者的帽子颜色

为了让网站的知名度更高，已经产生出一个大行业，搜索引擎优化公司干的就是这一行。即使是声誉管理公司（reputation management companies），也难逃被排名的宿命。就像西部电影一样，其中有戴白帽子的角色，也有戴黑帽子的角色。有英雄，也有恶棍。有些搜索引擎优化者，被称为道德黑客（ethical hackers），他们戴着白帽子，但也有人操纵信息，戴着黑帽子。黑帽优化者试图"玩弄"搜索引擎的算法。一如既往地，在民主社会中，首先由业界制定规则。之后就会有一些人试图规避这些规则。我们别无他途，只能努力识别和抵消这些麻烦制造者的影响。这里有一个警告，但你可能会觉得它有用：一个黑帽优化者可以在很短的时间内，把你排到网站排名的顶部。但严格来说，这完全是违法的。如果你不想被惩罚，也不想永远毁了你的谷歌排名，那么我强烈建议你避开黑帽优化者。有没有"最好的网络声誉管理服务"？谁在这个榜单中领先？也许是那些真正提供最好服务的人，也可能是那些最擅长操纵（不仅仅是他们自己的）声誉的人。

建议 1：你需要处理好自己的数字声誉。

建议 2：不要操纵它！

对于哪怕是完全不公平的负面评价，我们也应该泰然处之。（不知为何，我从未收到过任何不公平的正面评价，每个正面评价我都当之无愧。你的情况如何?) 事实上, 我们可以从每个负面评价中吸取教训, 即使是不公平的负面评价也是如此。首先, 仔细阅读它们, 慢慢冷静下来! 其次, 快速而专业地作出回应! 快速地作出反应, 或许可以帮助你扑灭负面意见的火焰, 并帮助你把排名损失降到最低。

学习小结: 声誉管理作为排名游戏的工具

声誉是排名游戏中的一个重要因素。声誉是可以衡量的, 管理声誉有多种策略。一个人采取什么样的策略, 以便在争取声誉或外在成功的认可与内心平静或内在动力的渴望之间寻找和谐, 这是由个人决定的。人们特别喜欢对科学家和艺术家的声誉进行排名, 对这类人进行比较的规则要比对其他群体的规则研究得更为细致。名誉通向成功, 现在已经有了量化方法来预测科学和艺术的成功。你的成功是一种集体现象, 取决于你所在业界里其他很多人的意见。在我写下这句话的时候, 我的脑海里就有这样的想法。

无论如何, 我们的个人智慧每天都会受到挑战, 因为算法越来越多地推荐产品、活动和体验。下一章我们将讨论推荐系统的细节问题, 并给出一些应对建议。

由购物单所想起的：

怎么样去买（或不买）新的割草机

推荐游戏：我们需要的是信任

我敢打赌，最近你决定购买东西时多少会受到网络的影响。当我打开亚马逊的时候，我看到一个节日玩具清单，位居最前的是星球大战机器人发明家套装。当我时隔几十年后回到利物浦时，我查了查猫途鹰旅游网站（TripAdvisor）[1]，我想在大学（实际上，我在那里第一次做了以本书的题目为题的演讲）附近找一家小旅馆。我其实并不用 Yelp[2]，因为在布达佩斯我有自己喜欢的餐厅，从 Spinoza 到 Pozsonyi Kisvendéglő[3] 等。住在曼哈顿的朋友们，你们需要有人推荐吗？我不清楚，但无论如何，在该网站上是有推荐的。

随着电子商务成为我们日常生活的一部分，推荐游戏应运而生。玩家有

---

1. 猫途鹰（TripAdvisor）是一个国际性旅游评论网站，提供世界各地饭店、景点、餐厅等旅游相关信息，也包括交互性的旅游论坛。——译注

2. Yelp 是一家总部位于美国圣弗朗西斯科的跨国公司，它开发了 Yelp.com 网站和 Yelp 移动应用程序，主要经营本地搜索、商业评级评论、线上订餐等。——译注

3. Spinoza 和 Pozsonyi Kisvendéglő 都是布达佩斯的餐厅名。——译注

两类，一类是卖家，另一类是买家。现在有一种机制，利用在线服务在两者之间进行匹配。有一种游戏，用"匹配"比用"买卖"来表达更合适：我现在虽然与约会没有什么直接关系，但我知道 Match.com 在约会网站中排名第一，而 Jdate 现在排名第 15 位。在历史上，商家往往对潜在的买家都很了解，因此他们可以根据之前的经验进行推荐。但我们的生活与我们的祖先，甚至仅仅一两代人之前的人们的生活很不一样。我们与诸多卖家之间的个人关系消失了，但它又有点过度地被很多选项弥补了。机器学习专家至少部分地取代了人们对人脉关系的希望。复杂的推荐算法的目的是理解和预测消费者的个人行为。原则上，推荐算法是中性的，它们不应该偏向卖家或买家的利益。粗略地讲，推荐系统是基于各种不同的理由向潜在消费者推荐产品。

卖家面临两个不同的问题。第一，这里有一项新产品，比如说割草机吧，现在的目标是确定潜在的买家。但是怎么做呢？你去年刚买了台割草机，明年还需要再买一台吗？不不不，根本不需要！但你应该有一个花园吧，所以你可能需要一些园艺手工工具，对吧？第二，有位客户，比如说某位叫利兹（Liz）的客户。那么，要给她推荐的前三样东西是什么呢？我们并不是生活在一个单调刻板的世界里，所以可以向她推荐一些吸引人的物品，先是汽车部件和配件，然后是电子游戏《英雄联盟》（*League of Legends*）。最后，如果她真的喜欢她的宠物，还有一个东西是她应该买的，那就是 Embark 公司的狗狗 DNA 检测产品！

这个过程被称为推荐问题中的排名制定（ranking formulation）部分。由这类系统产生的高质量推荐，可以让用户从一开始的厌烦转变为喜欢，同时还能促进消费者的长期信任和归属感。现代推荐系统鼓励用户勾选类似下列的偏好，并常常将这几种策略结合在一起。

· 给我看我的朋友们喜欢的东西（协作过滤）

- 给我看我过去喜欢的东西（基于内容的过滤）
- 给我看适合我的东西（基于了解的推荐）

有些数字我是道听途说来的，比如"亚马逊35%的销售额来自于推荐"。看起来，我们的注意力好像被各种说服技巧吸引了。即使我们没有立即行动，也会对看到的下列广告语感兴趣："你可能也喜欢"、"经常一起买"、"买过这个的顾客还买了"、"为你推荐"。请记住，我们在"选择，游戏，法律和网络"一章中讨论过选择的悖论。最好不要在同一类别中推荐过多的产品；过于冗长的列表会让消费者不知所措。另一种技术有助于实现从点击到购买的过渡：早期的算法根据顾客之前购买过的商品给予推荐，但实时推荐系统不需要历史数据，而是分析顾客的实际点击模式。它们会关注消费者正在浏览的品类、吸引他们的横幅广告等，所以能够立即抓住初次访问客户的需求。

2017年，电子商务销售额占全球零售业总销售额的10%，由此推荐系统的重要性怎么估计都不为过。有研究表明，信任是推荐系统成功的主要因素。作为买家，我们应该觉得推荐是有用的，推荐过程是透明的。越来越多的文献分析了推荐系统应该如何展示推荐系统的有用性和推荐过程的透明性，但关于如何应对推荐泛滥的建议却要少得多。

我四处打听了一下，我觉得我们婴儿潮一代的小伙伴们大多是通过推荐来满足他们当下需求的（找酒店，制订度假计划，给孙辈买玩具，也许还有在陌生城市里确定餐厅）。至于年龄段的另一端，Z世代[1]对我的建议并不真感兴趣，这很好。亲爱的Z们，是的，你们是出生在数字化世界中的第一

代人，我们也知道你们是生活在网络上的。以下是一份无序的特性列表，它们可能反映了你们作为消费者的态度：[1]

- 使用电子零售商发布的定制智能手机应用
- 坚持使用方便性
- 希望有安全感
- 希望暂时避开现实生活
- 不在乎品牌

那么，接下来会怎样？唯一看起来可以肯定的是，虽然可以期待会有更多的变化，但消费者一定会看到越来越多的排名榜单。还有一个可以肯定的预言：Z世代不会是最后一代，接踵而来还会有其他世代。就让Z世代去讨论"Z+"世代将如何玩推荐游戏吧。

哦，网飞（Netflix）[2]

我应该承认自己并没有订阅网飞吗？在我这个年龄段，只有26%的人是订阅者，实际上，我是在想，写一本关于排名的书而不订阅网飞是不公平

---

1. 参阅 Stacy Wood. Generation Z as consumers: trends and innovation. Institute for Emerging Issues（2013）.

2. 网飞（Netflix）是起源于美国、在多国提供网络视频点播的OTT服务公司，并同时在美国国内经营单一费率邮寄DVD出租服务，后者是指使用回邮信封寄送DVD和Blu-ray出租光盘至消费者指定的收件地址。如今，网飞在媒体平台上已是世界数一数二的佼佼者，主要的竞争对手有HBO、亚马逊视频、Disney+、YouTube、Apple TV+及AT&T。——译注

的，所以我可能会改变主意。为了获得某些实战经验，我利用了身边年轻人的订阅账户。网飞已经意识到，在向客户推荐要观看的东西时，它只有不到90秒的时间来抓住用户的注意力，否则用户将放弃这个推荐，转而去做其他事情。个性化的排名是确保用户做回头客的关键策略。

略谈（不是很艰深的）数据科学

尽管很多关于我们消费习惯的数据不是单一地通过社交媒体收集的，但它却是主要渠道。以网飞为例，这些数据都是有关电影和电视节目的。它们有两种类型：显性数据和隐性数据。当你给电影《华盛顿邮报》（*The Post*）[1] 点赞的时候，你的意见是显性的。如果你在一周内看了两遍，这就是有关你对这部电影的认知、心情和关联的隐性信息。

为了能够进行计算分析，需要提取电影的一些重要特征来描述它们。通过分析这些特征之间的相似性，可以确定两部电影的"相似"程度。曾担任网飞研究总监的泽维尔·阿马里安（Xavier Amarian）写道：

> 我们知道你播放了什么，搜索了什么，或者评价了什么，还知道对应的时间、日期和设备。我们甚至会追踪用户的互动，如快速浏览或滚屏行为。所有这些数据都会被输入到几个算法中，每个算法都针对不同的目的进行最优化。从广义上讲，我们的大多数算法都假设类似的浏览模式代表类似的用户品味。我们可以通过相似用户的行为来推断出你的喜好。

如果你知道任意两个项目之间的距离（即差异性），你就可以做一个排

1.《华盛顿邮报》（*The Post*）是一部于2017年上映的美国剧情电影，由史蒂文·斯皮尔伯格执导。——译注

序列表。差异性越小，你就越有可能喜欢这个推荐。

冠军算法（A champion algorithm）

更准确地说，网飞采用了一系列排名算法，每一种算法都是为了不同的目的而建立的。以下是五种备受关注的算法：

- 个性化视频排名算法（Personalized Video Ranker Algorithm）
- Top-N 视频排名算法（Top-N Video Ranker Algorithm）
- 当前趋势算法（Trending Now）
- 持续收看算法（Continue Watching）
- 视频—视频相似度算法（Video—Video Similarity Algorithm，"sim"）

运用不同的算法对整个目录进行排序，并根据不同的标准编制排行榜。[1]正如我的高中同学，一位软件工程师在他的 Skype 账户中宣称的那样："世界上只有 10 种人[2]：懂二进制的人和不懂二进制的人。"（对那些不懂二进制的人，我们来多说几句：在二进制中，除了 0 和 1 之外不能使用任何其他数字，所以不允许写 2。你可以写的数字是 0、1、10、11、100、101、110 等。在二进制中，10 就等于我们传统十进制中的 2）。所以，对于软件工程师（现在用"十进制语言"）来说，只有两类人存在，其分类的基础是懂得不同的数字系统。相比之下，网飞则把人们个性化地分成了大约 2000 个"品味群组"。谁

---

1. 参阅 Carlos Gomez-Uribe and Neil Hunt. The Netflix recommender system: algorithms, business value, and innovation. ACM Transactions on Management Information Systems 6, no. 4（January 2016）.

2. 这里的 10 是一个两进制数，所以如果用十进制表示的话，也就是 2。——译注

是某个群组的成员呢?"不一定是住在你隔壁公寓或对面房子里的人,也不一定是住在有相同邮政编码区域里的人,甚至都不是住在同一个国家的人;而是那些可能和你有同样兴趣的人。"[1] 人们因各自的观看习惯而被划分为不同的群组。在同一个群组内的大多数人都会喜欢同样的推荐。因此,与其说推荐是个性化的,不如说是"群组化"的。

故事的另一面:网飞成瘾

刷剧[2](Binge watching,2015 年的年度词)指的是观众试图一口气连续观看多集电视剧。虽然有证据表明,这种行为与观众的抑郁症和孤独感有一定的相关性,但我们或多或少都明白我们的脑是如何迫使我们的行为成瘾的。一部电视剧的一集通常会以一些激动人心的场面结束。胃口给吊起来了,但我们却尚未看到下回如何分解。这类悬念会增加释放一种与压力有关的激素,于是你按下播放键,继续观看下一集,如此循环往复。在刷剧几个小时之后,你可能会有一种幸福感。"呵呵,我在这里看了一整天,这真是一个很大的成就!"我们现在知道其背后的神经化学原理:你的脑释放出了多巴胺,这是一种与奖励和快感相关的物质,它作为一种强化信号,形成一个自我放大的循环。尽管如此,我还没有准备好随大流,加入到"整日宅家"(pajamas all day)运动中去观看《黑镜》[3]。

---

1. 参阅 Josef Adalian. Inside the binge factory. New York Magazine,June 11, 2018.

2. 刷剧是指长时间观看多集电视节目或网络节目的行为,通常是指连续观看同一部电视剧集或网络剧集。——译注

3.《黑镜》(*Black Mirror*)是一部英国独立单元剧,该剧展现现代社会发展,特别是对新技术利用的副作用。其中的每一集都是独立的,背景通常设置在架空的现实或不久的将来,并以黑暗、讽刺的语气和或轻或重的实验感来表现剧情。——译注

假评论：假评论会发生，但可以过滤掉

贝尔格洛夫（Bellgrove）案

在旅游行业中，猫途鹰是佼佼者。从某些角度看，它是点评、比较酒店和旅行的准绳。大家都听说过其服务中存在一些大问题。其实每个系统都可以被欺骗，关于如何应对假评论所带来的大问题有着广泛的讨论。

猫途鹰最著名的事件之一与苏格兰格拉斯哥的贝尔格洛夫酒店有关，它与其说是因有意制造假评论而导致的"事故"，还不如说是开玩笑引起的"舆情"。这家酒店接待了大约 150 名大多是无家可归的无业男性，其中有些人还有吸毒和酗酒问题，所以它的名声并不美妙。在 2013 年，有不少人开玩笑地给了它五星的评分，结果有一个时候贝尔格洛夫酒店居然登上了猫途鹰的最佳住宿地百强榜！我认为猫途鹰的反应是正确的。"由于该酒店是一家无家可归者的收容所，因此不符合我们的列表指南，这个排名表本身已被猫途鹰删除。"不过，这个案例引发了另一波新闻，就连苏格兰议会都评论了该收容所的条件："说好听点，可以说是不合适的，说得难听点，可以说是阴森凄凉，或者像狄更斯笔下的描述"[1]。

善行，骗局，永久 β 版

即便是为了帮助他人，并从中获取合理收益而建立的系统，也有可能遭

---

1. 参阅 John Ferguson. Hellish homeless hostel exposed by Daily Record is condemned as worse than 'Soviet gulag' in Holyrood. Daily Record, December 17, 2014.

到利用。2015 年有一条新闻，一家并不存在的意大利餐厅登上了猫途鹰意大利北部小镇（Moniga del Garda）餐厅排行榜的榜首。*Italia a Tavola*，一家主要提供美食和葡萄酒信息的在线报纸，为了证明门户网站上的排名是可以被操纵的而制造了这个骗局。首先，他们为一家名为 "La Scaletta" 的虚构餐厅建立了一个简介。然后，由一些共谋者编造了虚假的评论。在收到这些好评之后，这家餐厅在镇上的餐厅排行榜上排名第一。有些人认为报社的做法是不道德的，我倾向于同意这种看法。直接为更美好的世界而努力，相比试图把一切事物存在的阴暗面都指出来更有效果。

我们应该理解和接受，不同类型的软件都永久地处于 ß 版状态。"ß" 最初是指软件开发产品在推向市场前的最后阶段，在这一阶段由 "ß 版用户" 组成的群体给予反馈。现在，很多产品都停留在这个阶段，以便不断地做出改进。

也许你们（我们）需要的就是爱

现在，每五个人中就有一个人的恋爱始于网络，如今网上约会已经成为人们可以接受的交友方式。其中最成功的服务之一，eHarmony 公司通过定义一大堆典型的分类来宣传自己的成功案例："差点放弃"、"有孩子的单身人士"、"重新联系"、"远距离"、"50 岁以上"、"家庭组建多次成功"、"这么近却又这么远"、"国际" 等等。我读过很多成功的故事，大多数平淡无奇，诸如 "我们第一次约会是 2010 年 12 月 8 日；2011 年 12 月 8 日，比尔（Bill）向我求婚；2012 年 12 月 8 日，我们结婚了。从一开始，我们就具有如此多的共同点。"

算法是否试图把这些老套识别为具有 "如此多的共同点" 呢？原则上，算法会根据用户的相容性（compatibility）来作出匹配。算法通过一些相似程度来识别相容性。一般来说，相容性指的是信仰、价值观、教育等特征大致相似。然而，我们经常也会听到另一群人提出"相反相吸"的说法。第一类人强调文化相似性的重要性，而其他人则用文化互补性来解释他们对配偶的欣赏。

匹配算法是不分性别的吗？

我身边的一些年轻人声称，流行的社交应用软件 Tinder 的算法是偏向男性的。Tinder 是一款在线约会应用软件，它只根据一个特征来匹配情侣：那就是彼此模样的吸引力。你看到一个人的照片，然后决定你是否喜欢她的相貌。如果彼此"喜欢"，你的照片就会提供给那个人。如果你们互相喜欢对方，那么就表示你们两个人是相配的，Tinder 就允许你们开始对话。最近的数据表明 [1]，Tinder 的排名算法倾向于对男性不利，所以认为它偏向男性的假设并不成立。

算法能找到你最浪漫的伴侣吗？

我的常识和日常经验都表明，当你在数据库中进行搜索时，你不应该流泪，因为至少你是在积极地管理你的生活——而且，请记住"选择，游戏，法律和网络"一章中讨论过的一句话："如果你在约会时拒绝了前 37% 的潜在伴侣，你找到合适对象的概率是最高的。这一规则还有后一半：当发现一个比你之前约会过的人都要好时，就选定下来。"我不知道该如何向你的准配偶推销这一点。下面的求婚听上去并不像是无可抗拒的："亲爱的，我已经用完 37% 的机会了，而且你似乎比我之前遇到的那些可怕的小妞要好一些，所以我的数学教授建议我娶你！"尽管如此，我内心务实的想法还是建议你：和足够好先生 / 女士结婚吧！

---

1. 参阅 What is the best matching algorithm for dating? Quora，accessed February 10，2019.

学习小结：谨慎乐观

推荐系统在我们的生活中无处不在。我们在购买东西时多少都会受到大型电子商务系统的影响。推荐系统是任何电子商务系统的关键要素。虽然没有人可以强迫我们使用它们，但如果我们信任它们，我们就会这样做。虽然任何这样的系统都可以被操纵，我们也举过一些说明性的例子，但虚假的评论和其他伎俩都是可以过滤掉的，这样推荐系统就可以帮助我们做出更好的选择。

收场白：

排名游戏的规则——我们现在在哪里？

客观性的真实性、假象和操控

不管你喜欢与否，排名无处不在。它不是从混乱中产生秩序的灵丹妙药，也不是某个随机过程的产物（图 9.1）。不管喜欢与否，家长和学生都会仔细研究大学排名榜。要是大家都接受如下观点，即只根据一份形式上的名单就做出最后的决定，通常不是什么好主意，那么大学（我想还有很多其他的）排名系统就能达到他们的目的：提供一些（只是一些！）浓缩的，通常还是数字上的信息。但就像匈牙利体育呈现的例子那样——"让客观数字说话！"——客观性，往往只是一种假象。我给学生和家长的建议是，自己做一个个性化的排名。除了你自己，没有人能知道哪些因素对你来说是重要的。（作为布达佩斯一个留学项目的负责人，我曾经无意中听到一个学生的这样一句话："我更愿意待在这个宿舍里，因为这个宿舍的网络连接非常好，虽然楼里有一些虫子。"）由人进行排名总会带有认知偏差，而计算排名程序是基于数据库和算法获得的。数据库和算法一般都有偏差，但也不是完全随机的，它们确实也反映了某些方面的客观性。如果你不喜欢自己或所在组织所获得的排名，在允许自己有 5 分钟的烦恼之后，不妨考虑一下：

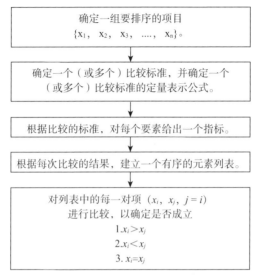

图 9.1　描述排序列表生成过程的流程图

（1）排名者只是一个恶棍，或者（2）这个评价可能确实包含了一些真实的成分，这使你有机会提高自己的表现。可能是我太理想化了，我的建议是这样的："冷静下来，再好好想想。"至于说到对排名的操纵，我确实相信，从长远来看，除了你所处群体的意见，其他的东西都不重要。我也尽量去相信，群众的智慧超过群众的疯狂。做到这一点并不是那么容易，历史上一个著名的例子说明了这一点。

　　1711 年至 1722 年期间在英国发生了一次 S 公司泡沫危机。英国政府向 S 公司[1]提出交易，为西班牙王位继承战争（War of Spanish Succession）[2]期

---

1. S 公司是在 1711 年西班牙王位继承战争仍然进行时英国创立的一家公司的化名，表面上是专营英国与南美洲等地贸易的特许公司，但实际是协助政府融资的私人机构，分担政府因战争而欠下的债务。——译注

2. 西班牙王位继承战争（1701—1714）是因为西班牙哈布斯堡王朝绝嗣，法兰西王国的波旁王室与奥地利的哈布斯堡王室为争夺西班牙帝国王位，从而引发的一场欧洲大部分君主制国家参与的大战。——译注

间出现的巨额国债融资。于是，S 公司与南美洲（不包括巴西，因为当时巴西是葡萄牙的殖民地）进行交易。在传出 S 公司获得拉美港口的全部使用权的消息之后，"拥有 S 公司的股票变得非常时尚。"[1] 但后来发现，实际商业活动并没有为公司领导人带来利润，其资产主要来自于发行股票，因此他们的股票价值被大大高估了。在老板们开始抛售股票后不久，股民们就出现了恐慌，市场崩盘了。投机、不切实际的预期和腐败等因素导致了泡沫的出现。艾萨克·牛顿爵士（1643—1727）是科学家、造币厂的负责人，也是众所周知的一位理性人士，他首先看到了泡沫，但后来仍然因为泡沫而损失了很多钱。他在 4 月份卖出了价值 7000 英镑的股票，获利 100%，但不知什么原因诱使他在高位重新入市，结果使他损失了 2 万英镑。这导致他宣称："我可以计算出行星的运动，但不能计算出人的疯狂。"

乔纳森·斯威夫特[2] 也损失了一大笔钱，这促使他写出了讽刺英国社会的《格列佛游记》（ *Gulliver's Travels* ）和《泡沫：一首诗》（ *The Bubble: A Poem* ）。

计算了所有成本和风险

国人撞了南墙才会发现

董事们的承诺只是瞎话

传闻充其量只是个大泡

---

1. 参阅 Jonathan Swift quoted in Alan Krueger. Economists try to explain why bubbles happen. New York Times, April 28, 2005.

2. 乔纳森·斯威夫特是英国 - 爱尔兰作家。他作为一名讽刺文学大师，以《格列佛游记》和《一只桶的故事》等作品闻名于世。根据历史记载，他有多重身份，包括神职人员、政治小册作者、讽刺作家、诗人和激进分子。——译注我想要是斯威夫特还活着的话，他会写一本关于英国脱欧的畅销书。无论如何，正如亚伯拉罕·林肯总统的名言："你可以在一段时间里骗过所有人，也可以总是骗过某些人，但你不可能一直骗过所有人。"

比较是人的本性

把自己和别人比较，是人的本性。问题是如何应对这些比较的结果。在本书的最后，你可能会问："好吧，这个人写了一本关于排名的书。他自己是怎么玩排名游戏的，他是怎么把自己和他的伙伴们进行比较的？"让我说点个人的看法：我的 h- 指数还算不错，但比很多同行的 h- 指数要低，而且由于这个指数的性质，在我职业生涯的现阶段也无法改变它。我知道，我的 h- 指数之所以相对较低，是我为曾经作出的一些决定所付出的代价。第一，我的首份工作是在工业界（在多瑙河石油公司的计算机中心，那是一家炼油厂），而不是在学术界，所以我的起步很晚。

第二，我和我的数学家朋友（就是那位从来都没有车的）发现 / 创造了一个算法（用于化学反应的随机模拟），但我们既没有想到也没有资源去发表。大约一年之后，一位在加州工作的美国科学家发表了同样的算法，该论文被引用了 2 万多次。（我知道，这是一种酸葡萄心理。）第三，我没有专注于一个特定的领域和方法，而是一直在研究不同的课题，从化学、神经科学到政治科学，再到专利引用分析。第四，我多年来一直致力于用匈牙利语写作，而不是从科学计量学的角度来看发表一些更有效的论文。第五，我接受了一所文理学院非常有声望的教授职位，因此我每年只能用几个月的时间在匈牙利的研究小组里工作。我的工资来自教学，这是我喜欢的，但用于研究的时间就少了。

我是不是很羡慕一位引用量是我 10 倍，h- 指数是我 4 倍的同行？没错！但是，我还是会写书，而且我也很享受写作本书的这两年时间。这本书是成功的吗？谁也不知道一本书能不能成为畅销书。我想我把向下比较和向上比较很好地结合了起来，接受自己在科学比赛中的地位，并保持着创造新事物的热情。

列表可以帮助理解外界信息

　　虽然我们不善于记住长长的清单，但清单仍然可以帮助我们处理感官信息。此外，阅读列表文可以让我们觉得自己已经获得了关于某个主题的完整知识。列表还可以让我们决定所涉及的不同项目的相对重要性，从而帮助我们组织日常活动。

社会排名有其进化根源

　　等级制度在不同的进化层次上都是非常有效的结构。它们在减少冲突和维持社会稳定方面发挥着重要作用。统治地位是建立在攻击性和操纵性的基础上的，它经常为统治者的自身利益服务。声望是另一种帮助人们超越他人的机制，它是建立在知识的基础之上，一般是为所在群体的利益服务的。

排名算法是人为的

　　任何社会最重要的任务之一，就是根据各个人的意见进行集体决策。有许多投票制度。虽然没有一种是完美的，但总的来说，它们总比把决定权交给主观或操纵欲强的个人来做要好。道德、宗教和法律制度中的某些排序程序会导致非传递性的循环。我们还知道，佩奇排名算法的结果取决于某个参数的数值，因此可能会发生排名反转（即改变排名顺序）的现象。

排名游戏无处不在，即使是隐士也不能幸免。无论你是求职者，还是遴选委员会的成员，都得参与到打分和排名中来：要么你是被打分、被排名，要么你给人打分和排名。不管你喜欢与否，人们对机构和个人的透明度、责任制和可比性的要求越来越高。指标要比完全主观的评价更有用。指标可以被操纵吗？当然可以，坎贝尔定律告诉我们客观性只是一种假象。尽管如此，当你看到一份基于某一标准的学院或国家排名榜单时，没有人会说这份排名榜单是由一些随机算法产生的。对大学和国家的排名榜单在许多方面都比专家们给出的猜测要更强一些，但我的建议是"相信，但要谨慎"。

平衡声誉、外在成功与内心平静

美国开国元勋之一、政治理论家和活动家托马斯·佩恩（Thomas Paine，1737—1809）说过："名声是他人对我们的看法；品格是上帝和天使对我们的认识。"艺术家和科学家比其他很多人要更看重声誉。数字化的声誉很重要，因为我们或多或少都会相信我们在互联网上读到的东西。虽然我们对指标的痴迷催生了一个巨大的产业，但即使在我们这个以功利为导向的社会中，最好的策略也是努力在对声誉和外在成功的追求与内心平静的欲望之间保持平衡。

推荐系统可以帮助思考我们的选择

我们每天都会通过推荐系统对很多选择进行排名。这些系统的成功与否，取决于我们是否信任它们。我们都知道会有假评论，但我认为人类智能与计算智能的结合可以过滤掉假评论。还是那句话，我建议的规则是"信任，但要谨慎！"

控制网络：谁说了算，人还是计算机？

计算机科学家设计出了排名算法，当然，现在计算机也可以利用这些算法来处理庞大的数据集。正如我们看到的那样，我们对结果不一定满意，所以我们可能要问，对于排名算法的结果，是否应该由内容策划者进行控制，何时进行控制，又如何控制？传统上，博物馆都有策划者在特定的展览中选择艺术品进行展示。我们是否应该控制算法的结果，如果是这样的话，没有灵魂的算法产生的排名应该如何修改，这将是未来几十年的一个战场。

数学家和博客作者凯西·奥尼尔（Cathy O'Neil）[1] 在她的《数学毁灭的武器》（*Weapons of Math Destruction*）[2] 一书中写道，谷歌最终将不得不雇佣人类编辑员。她可能是对的，希望这些人类编辑员靠的是真正的知识和威望

---

1. 凯瑟琳（"凯西"）·奥尼尔是美国数学家，是博客 mathbabe.org 的作者，也是数据科学方面的多部著作的作者，其中包括《数学毁灭的武器》。——译注
2. 参阅 Cathy O'Neil. Weapons of Math Destruction. New York：Penguin Random House, 2016.

掌握这一权力，而不是依靠操纵和威权。"先有鸡还是先有蛋？"这个古老的问题依然存在。现在，我们也有了一个新的问题："谁有最后的发言权：人还是计算机？"我把这个问题和可能的答案留给 Z 世代和 Z+ 世代。

译后记
POSTSCRIPT

彼得·埃迪教授是我相识二十多年的老朋友了。我们第一次见面是在1997年，当时我们都受到日本非线性（或动态脑）"五人帮"塚田埝、津田一郎等教授的邀请到德国波鸿参加他们举办的第二届动态脑论坛。这是我第二次参加这一论坛，而埃迪教授则是第一次。在之后的差不多十年时间里，该论坛几乎每年一次轮流在世界各地举办，而我们都是座上客，一直到2007年该系列论坛的第十次大会为止。由于这些论坛一般规模都不大，也就是几十个人，每个报告人的报告时间又比较长，会议一般也持续好几天，所以会议的常客彼此之间也就搞得很熟了。埃迪教授以其深刻的思想、渊博的学识、幽默的谈吐和热情友好的态度，自然也很容易赢得我们这些中国与会者的好感。因此，虽然从2007年后我们没有机会再见面，但是每当岁末年初的节日里，我们都会通邮，讲讲自己的近况。有一次我刚给他发了电子邮件立刻就收到回信，说他也正好在想给我发信呢。2020年年底，他告诉我他的新著*RANKING*刚由牛津大学出版社出版，津田一郎教授正在组织日文版的翻译工作，他问我是否能帮助他找一家中国出版社出版中译本。正好那时，出版卡尔·施拉根霍夫和我合著的《脑与人工智能：一位德国工程师与一位中国科学家之间的对话》系列丛书的上海教育出版社，正带了我们的书去德国法兰克福书展参展，而牛津大学出版社也在那里参展，这给了我们一个很好的机会让两家出版社当面洽谈，结果很快就达成了初步意向。

排行榜现在几乎已无处不在。作为大学的退休老师，我自然对母校在世界和国内的排行名次是关心的，也为祖国在短短几年时间里 GDP 从排行第七不断超越意大利、法国、英国、德国、日本跃居世界第二而欢欣鼓舞。我每天中午必看的《参考消息》和《环球时报》，打开网站就看到各种各样的排行榜，如路由器品评排行榜、全球奶粉排名、无人机品牌排行榜、皮鞋排名……几乎任何事物都可以进行排名。虽然经济和社会一直都不是我研究的内容，对这些方面的所知也就是常识而已，但是无所不在的排名还是引起了我的兴趣。而以前从来也没有就这个问题认真想过，现在有本具有可读性的书专门来讲这个问题，而且还是老朋友写的，自然引起了我的好奇。浏览了一下目录，其中很多内容如影响因子、h-指数、大学排名、诺贝尔奖等等都是我平时关心，然而没有深入思考过的问题。另外，埃迪教授在讲道理的时候，还经常引用民间故事、趣事逸闻甚至自嘲，书的行文风格一如其人，更使我感到亲切。所以从内容上来说，虽然不是我的专长，我还是"蠢蠢欲动"有了翻译此书的冲动。当我不揣冒昧地向上海教育出版社的黄伟编辑提出了这个不情之请后，他立即回信同意，这样就开始了我的翻译。

华罗庚教授在谈到读书时，曾说过要先从薄读到厚，再从厚读到薄。前句话不难理解，后句话则是画龙点睛，告诉我们必须从读到的庞杂的内容中提取出其中的精华。从读这本书中，使我领会最深的是什么呢？那就是我们人生中无所不在的排名植根于人类喜欢比较的天性之中。虽然人们追求排名的客观性，但是任何排名都不可避免有主观因素在内。这就为人为操纵排名提供可乘之机。排名所产生的定量指标虽然有引导人们不惜歪曲自己的行为以提高排名的不良趋势（坎贝尔定律），但是总体上依然优于纯主观的评价。所以对于排名，就像埃迪教授在书中一再强调的那样："相信，但要谨慎。"为此，埃迪教授提出了今后的两个值得注意的发展方向：社会学家和计算机专家应合作研发"道德算法",而个人则应该使排名算法个性化,不求最优,而只求最适合自己的情况。人们既不要迷信排名,又要利用排名为自己服务。当然这只是笔者的管见,读者以为然否?

当然,作者生活在西方,本书的主题又和经济和社会息息相关,当涉及具体的人和事时,有些观点我们不一定都同意,但是这并不妨碍引起我们的思考,并作出自己的判断。

最近十年笔者翻译了好几本科学书,有点感慨,想在这里一叙,既就正于行家,也向对翻译科学书有兴趣的年轻一代讲讲自己的一得之见,供他们参考。

关于翻译,特别是科学书的翻译,怎样才算好,一直是个有争议的问题。文化史上鲁迅和梁实秋这两大名家之争就是一个突出的例子。鲁迅主张忠实于原著,甚至不惜"硬译",而梁实秋则主张翻译作品要可读,甚至不惜和原著的意思不一样。我在读鲁迅全集的时候是站在鲁迅一边的,至今基本上也还是这样,不过看法上也多少有了些变化。

翻译的前辈提出了至今绝大多数人都认同的"信、达、雅"的标准(说来也巧,其实这也许是最短而内容最丰富的排名列表,而且还是有序列表),我也是认同的,而且更认同这三个字的次序。我以为在这三个标准中"信"是第一位的,特别对科学书来说更是如此。"信"的意思就是要忠实于作者的原意,译文不能歪曲作者原来的意思,既不能漏掉作者的意思,也不能把译者的意思强加到作者头上,译者只是作者的"代言人",不过是用另一种语言来表述同一个意思。如果译者有不同意作者的观点的地方,译者也不能把作者原来的意思(哪怕在译者看来是错的)改成译者自己的意思,而只能加注,说明自己的观点。科学书的目的是向读者介绍科学的道理、事实或者方法,如果擅自改变作者的意思,就非常可能误导读者,而又不让读者知道是译者做了手脚,而误以为是作者的意思。在笔者看来,科学翻译不同于创作，翻译只是代言而已（有人强调文学翻译是一种再创作，这是另一个问题了）。笔者在和克里斯托夫·科赫教授的前博士生侯晓迪先生合作翻译科赫的名著《意识探秘》时，请科赫教授写了篇中文版序。他在序中写道："翻译任何文字都是一件极耗心力的工作，它需要译者首先理解纸面上文字背后的含义，然后才能将其组织润色成另一种语言。在一份成功的译著里，你应该感受不到有译者介身其中——原作者与读者就像在直接进行交流一样。"笔者以为科赫教授所讲正是科学翻译应该遵循的基本原则——在这里"信"是第一位的。

其次，"达"也很重要，和原作再"信"不过的就是原作自己，可惜对许多读者来说就太不"达"了，读者看不懂，因此虽然"信"了，却没有用。当然这是极而言之。有的译作的译文保留了许多原文的语法结构，只是用中文词汇按照外文语法堆砌起来。如果译者真的懂得了原文的意思，并且对每个外文词都在当时的语境之下，找到了最合适的对应中文词，那么这样的译文是有可能"信"的，然而因为"翻译腔"太重，我们中国人一般不这样说话，所以读者读起来非常费劲，只有外语好的读者也许还能够把译文倒译成英语理解起来更方便些，这样的翻译显然也是不足取的。另外，如我国著名语言学家吕叔湘先生所言："英文不是中文"。在这两种语言的词汇之间并不存在一一对应的关系，一个词只有放在一定的语境之中才能真正明白它要表达的是什么意思，从而在另一种语言里找到与表达这个意思相关的词汇。如果不是真正读懂了，而只是找到该英文词汇自己最熟悉的一个中文对应词，就把它放到英语结构中去，往往就要犯错误。一位译者如果真正读懂了原文，一般也不会完全像我上面所说的那样翻译，当然保留了一些长句和翻译腔是我们经常会碰到的问题。这里遇到的就是翻译的"达"的问题，要使译文尽量符合汉语的习惯，使读者容易明白所讲是什么意思。当然，吕叔湘先生所说还不止于词汇之间的对应，两者的表达方法也很不一样，所以要在保证"信"的前提下做到"达"也很不容易。在鲁迅的年代,当时中国离开闭关锁国的年代还不久,中国还没有大量接受外国的新概念、新知识,和国外打交道也少,原来的中文缺乏表达这些新情况的手段,因此那时为了保证"信"就不得不适当保留外国的表达方法,而被一些人讥为"硬译"甚至"死译"。从鲁迅的年代到现在已经近一个世纪了,中国的面貌已经发生了翻天覆地的变化,中国已经融入世界,在汉语中也已经融入大量的外语词汇和表达方法。因此,鲁迅所面临的翻译窘境已经有了极大的改善,在保证"信"的前提下,尽可能做到"达"也是有可能的,而这也是翻译的人要努力做到的。

至于"雅"在笔者看来,至少对科学书的翻译来说,属于锦上添花之举。要使译文"雅",其大前提是原文就要雅,如果原文就不雅,译文雅了岂不首先就违反了"信"的原则?笔者猜测翻译前辈所以把雅和信、达并列,可能是因为当时的翻译主要是文学翻译,原作本来就雅了的缘故。科学书当然也不乏"雅"的作品,如法布尔的《昆虫记》、法拉第的《蜡烛的故事》到近代克里克的《惊人的假说》和拉马钱德兰的《脑中魅影》等,不过多数科学著作并非文学作品,并不追求"雅",原作如此,译文也就不能在雅上要求过高了。当然同样的意思在表达清楚(达)的情况下,也还依旧存在有没有文采的问题,如果这也算在"雅"的范畴里面,那么在"信"的大前提之下,力求文句通顺易懂之余,再要求译笔要有文采也是应该的。

笔者的第一篇科普译作还是半个多世纪以前的事了,说来惭愧,一直到最近十年来,才对应该如何翻译有了上述领悟,也可以说直到和侯晓迪先生合作翻译《意识探秘》一书,并就翻译标准进行讨论和争论,并不留情面地互校译文之后,才使此书以及以后几本译作的译文差强人意。当然囿于笔者的水平,其中不可避免还有缺点、错误,期待读者的指正。

基于上述翻译理念,本书和笔者的前几本译作一样,都需要经过好几轮校改。在第一遍译成中文之后（笔者称之为"草草稿"，因为连草稿都还算不上），笔者就把自己放在读者的位置上从头通读全稿，并对文稿中读上去生涩之处，考虑怎样改才能容易读懂和顺畅。遇到有自己也看不明白的地方或是心生怀疑之处，一定对照原文，并把这段文字放到上下文甚至全书的语境中去理解。国外的作品中往往涉及许多国外的人物、事件、思想……这些往往是我们不熟悉的，因此就得在翻译草草稿和校阅时查找百科全书及网上资料，对于其中牵涉到难于理解之处，择要写成译注。笔者在阅读科学译作时得到的经验是，如果读到有不知所云、或令人怀疑之处，绝大多数就是译者自己没有读懂，而作了错译的缘故。所以把自己放在读者的位置上"吹毛求疵"是十分必要的。但是如果不仔细对照原文的话，在这样的修改和润色之后，不免有偏离了作者原意的地方，所以一定要再次从头到尾，逐句对照原文看看译文有没有和原文意思多少有出入的地方，如果有，那么一定要放到语境中仔细斟酌。对于这样的改定稿才能送编辑，再经编辑的把关和反馈。虽然这样做费力费时，但是对于我这样水平不高的译者来说却是避免大的错误的唯一途径。

关于科赫教授对译文的要求，卡尔·施拉根霍夫博士在和笔者的讨论中曾经表示了不同的意见。他认为对一切译文都要达到这一要求是做不到的，原因和意识的私密性一样，一个人要完全彻底地理解另一个人的意思，这就要求两个人拥有有关所讨论的问题的完全相同的知识库。而没有两个人的知识库能完全相同。这话自然有其合理的一面，但是这并不妨碍把科赫教授提出的标准作为追求的目标，法乎其上，得乎其中。翻译作品不比口译，译者有充分的时间，可以查书、上网搜索、请教朋友直至请教作者本人。好在一本书所涉及的知识库毕竟是有限的，因此当译者把这些知识补充到自己的库里之后，并不存在绝对搞不懂作者的原意的鸿沟。当然要真正做到这一点并不容易，而理解的深度是否能和作者完全一样也确实是个问题。

但是向这个方向努力我想不仅可能,而且也是应该的。

书中牵涉了大量的西方人物,对于他们的译名,除了约定俗成的之外,笔者主要根据新华通讯社译名室编的《世界人名翻译大词典》。按其祖籍国译出,当然也有些人因为笔者不清楚其祖籍只能照英国译出了,可能在发音上会有错误,这是很遗憾而又无奈的事。

最后,笔者要向埃迪教授致以最深切的感谢。在三轮校阅之后,笔者依然觉得有些句子甚至段落不太清楚,查词典和百科全书也解决不了问题,在这种情况下最好的办法就是请教作者自己。笔者向埃迪教授提了 50 个左右的问题,他都耐心一一作了回答。其中有些,笔者也有这个感觉,只是拿不准,而有些则没有他的解释根本就不明白。他的解释大大减少了译文中可能的错误。另外,我也要感谢上海教育出版社的领导,以及黄伟编辑、沈明玥编辑对我一贯的厚爱、信任和支持。他们在新冠病毒暴发的这个特殊年头,坚持工作,并和外方出版社不断沟通,这才使本书得以顺利出版,对此我深表感谢。我还要特别感谢曹长青研究员,他不仅对照原文,仔细审阅了全部译文,并作了润色,加强了可读性,特别是他指出了笔者多处误译或不当,并提出了改正意见。自己的错误一旦形成了思维定式往往很难自己发现,旁观者清,有时一句话就点醒了梦中人,至少促使笔者反复对照原文和上下文进行斟酌。当然也有笔者坚持己见之处,如果坚持错了,那完全是笔者的责任。

尽管笔者自以为已经尽了努力,在完成送审稿的四个月的时间里集中精力四易其稿,又在编辑稿和曹长青研究员的审改稿基础上再次做了修订,最后又通读了全稿,但是囿于笔者的水平,不当甚至误译之处恐仍难免,敬请读者诸君批评指正。

顾凡及

2021 年 5 月 15 日于复旦大学

图书在版编目（CIP）数据

谁居榜首：芸芸众生的排名与博弈 / (匈) 彼得·埃迪著；顾凡及译. — 上海：上海教育出版社，2023.1
ISBN 978-7-5720-1852-7

Ⅰ. ①谁… Ⅱ. ①彼… ②顾… Ⅲ. ①名次(运动竞赛) – 通俗读物 Ⅳ. ①G808.2-49

中国国家版本馆CIP数据核字(2023)第014614号

RANKING: THE UNWRITTEN RULES OF THE SOCIAL GAME WE ALL PLAY, FIRST EDITION（978-0-19-093546-7）was originally published in English in 2020. This translation is published by arrangement with Oxford University Press. Shanghai Educational Publishing House is solely responsible for this translation from the original work and Oxford University Press shall have no liability for any errors, omissions or inaccuracies or ambiguities in such translation or for any losses caused by reliance thereon.

上海市版权局著作权合同登记号 图字09-2022-0698号

责任编辑　黄　伟
封面设计　金一哲
插画师　陈楚桥

谁居榜首——芸芸众生的排名与博弈
[匈牙利] 彼得·埃迪　著
顾凡及　译

出版发行　上海教育出版社有限公司
官　　网　www.seph.com.cn
地　　址　上海市闵行区号景路159弄C座
邮　　编　201101
印　　刷　昆山市亭林印刷有限责任公司
开　　本　700×1000　1/16　印张 16.75
字　　数　215 千字
版　　次　2023年3月第1版
印　　次　2023年3月第1次印刷
书　　号　ISBN 978-7-5720-1852-7/G·1677
定　　价　58.00 元

如发现质量问题，读者可向本社调换　电话：021-64373213